O Jardim das Rosas

O Jardim das Rosas

6-7-05-8.000-61.000

Direção editorial: **Flávio Machado**
Assistente editorial: **Dirce Yukie Yamamoto**
Chefe de arte: **Marcio da Silva Barreto**
Capa (criação): **Júlia Machado**
Diagramação: **Ricardo Brito**
Revisão: **Maria Aiko Nishijima**
Fotolito da capa: **Digigraphic**
Impressão: **SERMOGRAF – Artes Gráficas e Editora Ltda.**

Ficha catalográfica elaborada por
Lucilene Bernardes Longo – CRB-8/2082

Carlos, Antônio (Espírito).
O jardim das rosas / romance do Espírito Antônio Carlos ; psicografia da médium Vera Lúcia Marinzeck de Carvalho. – São Paulo : Petit, 2003.

ISBN 85-7253-110-6

1. Espiritismo 2. Psicografia 3. Romance espírita
I. Carvalho, Vera Lúcia Marinzeck de II. Título.

CDD: 133.9

Impresso no Brasil, no inverno de 2005.

Prezado leitor(a),

Caso encontre neste livro alguma parte que acredita que vai interessar ou mesmo ajudar outras pessoas e decida distribuí-la por meio da internet ou outro meio, nunca deixe de mencionar a fonte, pois assim estará preservando os direitos do autor e conseqüentemente contribuindo para uma ótima divulgação do livro.

O Jardim das Rosas

Romance do Espírito
Antônio Carlos

Psicografia da médium
Vera Lúcia Marinzeck de Carvalho

petit editora

Rua Atuaí, 383/389 - Vila Esperança/Penha
CEP 03646-000 - São Paulo - SP
Fone: (0xx11) 6684-6000
Endereço para correspondência:
Caixa Postal 67545 - Ag. Almeida Lima
03102-970 - São Paulo - SP

www.petit.com.br
petit@petit.com.br

Livros da médium
VERA LÚCIA MARINZECK DE CARVALHO

Da própria médium:

- *Conforto Espiritual*

Psicografados:

Com o Espírito Antônio Carlos

- *Reconciliação*
- *Cativos e Libertos*
- *Copos que Andam*
- *Filho Adotivo*
- *Reparando Erros de Vidas Passadas*
- *A Mansão da Pedra Torta*
- *Palco das Encarnações*
- *Histórias Maravilhosas da Espiritualidade*
- *Muitos São os Chamados*
- *Reflexos do Passado*
- *Aqueles que Amam*
- *O Diário de Luizinho* (infantil)
- *Novamente Juntos*
- *A Casa do Penhasco*
- *O Mistério do Sobrado*
- *O Último Jantar*
- *O Jardim das Rosas*
- *Morri! E Agora?*
- *O Sonâmbulo*

Com o Espírito Patrícia

- *Violetas na Janela*
- *Vivendo no Mundo dos Espíritos*
- *A Casa do Escritor*
- *O Vôo da Gaivota*

Com o Espírito Rosângela

- *Nós, os Jovens*
- *A Aventura de Rafael* (infantil)
- *Aborrecente, Não. Sou Adolescente!*
- *O Sonho de Patrícia* (infantil)
- *Ser ou Não Ser Adulto*
- *O Velho do Livro* (infantil)
- *O Difícil Caminho das Drogas*
- *Flores de Maria*

Com o Espírito Jussara

- *Cabocla*

Com espíritos diversos

- *Valeu a Pena!*
- *O que Encontrei do Outro Lado da Vida*
- *Deficiente Mental: Por que Fui Um?*

Livros em outros idiomas

- *Violets on the Window*
- *Violetas en la Ventana*
- *Reconciliación*
- *Deficiente Mental: ¿Por que Fui Uno?*
- *Viviendo en el Mundo de los Espíritus*

Dedicatória

Admiro aqueles que planejam um trabalho e se esforçam para fazê-lo do melhor modo possível, sem se importar com os resultados.

Dedico este livro a uma amiga querida, que na conclusão de sua tarefa só se importou em realizar tudo a contento. Ela raramente visita o plano físico, mas nem por isso ama menos os encarnados. "Temos de escolher onde somos mais úteis", diz sorrindo com delicadeza. E, certamente o faz.

A você Patrícia[1], que nos dá o exemplo de que tudo deve ser feito com amor, somos agradecidos pelo que nos legou, pelas obras consoladoras que têm alimentado almas. E que, depois de concluí-las, disse: feito!

Com todo o meu respeito e admiração,

Antônio Carlos
Inverno de 2002.

1. Patrícia escreveu quatro livros: *Violetas na janela*, *Vivendo no mundo dos espíritos*, *A casa do escritor* e *O vôo da gaivota*. São Paulo: Petit Editora (Nota do Autor Espiritual).

Sumário

primeiro capítulo

O Encontro

Estava eufórico, ia me encontrar com dois amigos muito queridos. Apressei-me em meus afazeres; planejei-me para dispor de horas em que me deliciaria na companhia deles.

Volitei[1]. Ao me aproximar do local marcado, deslizci devagar. A visão do lago emocionou-me, observei-o extasiado. Suas águas refletiam as montanhas e tudo o que estava à sua volta. E as imagens dançavam com as ondulações.

Prestei atenção num garoto encarnado que estava à margem do lago. Ele jogou uma pedra que rapidamente foi ao fundo, desfigurando por instantes aquela reflexibilidade.

1. Volitar: locomover-se no espaço pelo ato da vontade (Nota do Editor).

Eu tinha vindo aqui para escutar uma história que, como sempre, tem acertos, erros, acontecimentos felizes e outros nem tantos. E eles, meus dois amigos, com certeza viveram períodos de suas vidas juntos, cheios de sonhos e ilusões. Ah! As ilusões, assim como os reflexos, são tão frágeis que se abalam com um simples toque de uma pedra, levando-nos a ver nossos mais caros sonhos desabarem. Às vezes, nossa vida se parece com as águas de uma lagoa: um dia pode estar calma, tranqüila, e em outros, agitada. Passam-se dias, cada qual de um modo. Mostramo-nos superficialmente, mas o que existirá no fundo? Que mistério tem guardado dentro de si cada ser?

Avistei Luís no local combinado, ao lado de uma frondosa árvore. Acenou-me. Aproximei-me. Recebeu-me com um fraternal abraço.

– Antônio Carlos, que prazer revê-lo!

– E Helena, ainda não chegou? – perguntei.

– Ela não tardará. Sentemos aqui enquanto a esperamos. Gostou do lugar?

Acomodamo-nos num banco tosco; olhei novamente para a beleza da paisagem e exclamei:

– Lindo!

– Sempre gostei deste lugar, do lago – disse Luís. – Sua extensão era menor quando vivi encarnado e morava a poucos metros dele. Atualmente, o progresso exigiu uma represa, e muitos quilômetros de terra foram inundados. Agora tornou-se um grande lago, suas águas cobriram a casa em que nasci e vivi, a aldeia, ou seja, a cidadezinha à sua margem. Tudo mudou.

- Você deve ter muitas recordações deste local, não é?

Luís suspirou, olhou-me, sorriu e falou:

– Quando jovem, andava por toda a margem aos pulos, assobiando, sozinho ou com outros garotos. Às vezes, saíamos para pescar em pequenos botes, mas eu não pescava, apenas acompanhava os amigos. Não gostava de alimentar-me de peixes, os quais, para mim, eram os legítimos donos do lago, seus moradores, e não tínhamos o direito de tirá-los de lá. Tive uma infância e uma juventude felizes, estava sempre rindo.

– Como gostava deste local, quando encarnado – continuou Luís a falar –, conhecia cada pedaço da região e todas as pessoas que residiam por aqui. Dói muito ver tudo modificado. Os anos passam, deixando marcas nas pessoas e nos lugares, mesmo naqueles que parecem ser imodificáveis. Observando agora, Antônio Carlos, a imagem refletida na água não é como antigamente. Não há mais a casa no monte azul, nem a estrada na montanha redonda. Onde está aquela plantação, havia uma mata, que foi derrubada. A casa da família de Helena não está mais lá.

Luís fez uma pausa. Pude escutar a natureza. O vento balançava as folhas das árvores, as águas batiam nas pedras, ouvi tudo como se fosse uma música de rara harmonia.

Com o olhar, incentivei-o a continuar falando, e ele não se fez de rogado:

– Emociono-me com certas lembranças. Recordo-me com detalhes da primeira vez em que pude visitar este local, que me é tão querido, depois da minha desencarnação. Cinco anos havia se passado. Não viera antes porque temia rever a casa, as terras, tudo o que tanto significou para mim.

"A primeira vez em que estive em meu ex-lar, vim da colônia, volitando. Sentei-me numa pedra à beira d'água, lugar preferido por mim quando aqui vivi. Estava comovido e observei tudo atentamente. Lembro-me bem de tudo o que se sucedeu nessa minha visita.

"Permaneci sentado por alguns instantes, e depois me levantei e fiz o percurso que por muitos anos fizera: subi devagar a escada de terra batida e pedras, defrontei-me com o jardim malcuidado e com a cerca de cor desbotada que apodrecia. Havia no meu amado jardim, poucas roseiras e elas estavam velhas, talvez nem florescessem mais; o mato crescia.

"Nem Caetano nem Rodrigo se importaram em cumprir a promessa que me fizeram. Talvez tenha errado em querer que eles prometessem – lamentei.

"Doeu demais ver o jardim daquele jeito, ele que tivera as mais lindas rosas.

"Hesitei em entrar na casa, mas o fiz. Andei como se fosse encarnado, com passos cadenciados, subi os cinco degraus. A varanda que rodeava a casa estava com algumas tábuas soltas no assoalho."

Luís fez uma pausa sorriu e continuou:

– Passei pela porta fechada, isso é uma vantagem para o desencarnado que sabe como fazê-lo. Os móveis estavam todos cobertos com lençóis que foram brancos e agora tinham tons amarelados.

"Parei e olhei tudo. Naquela casa vivi encarnado por oitenta e seis anos; era um local de muitas recordações.

"Objetos caros na casa demonstravam que senhores ricos e de bom gosto tinham-na habitado. Tudo passa... Para nenhum habitante deste mundo existem só momentos bons na vida; os ruins nos ferem e, às vezes, ficamos tão feridos que nos custa sarar; as cicatrizes permanecem. Certos acontecimentos doem muito na alma e, como sobrevivemos à morte do corpo físico, continuamos a senti-los na espiritualidade.

"Permaneci na sala azul, fixei meu olhar em dois quadros que estavam descobertos – talvez por isso estavam tão desbotados. No retrato à direita, eu quando jovem, vinte e dois anos, olhar altivo, sombreado por grossas sobrancelhas, nariz reto, cabelo escuro e ondulado. No outro, Helena, frágil, magra e linda, olhos azuis, parecendo duas contas, lábio bem desenhado, cabelo louro e cacheado.

"Vi o corte que eu mesmo fizera rente as molduras. Tinha colocado sobre esses retratos outras pinturas, de mim mais velho e de Carolina. Quando esta desencarnou e fiquei viúvo, retirei os retratos colocados em cima. Não me importei com os protestos de Caetano e Luíza, meus filhos.

"Lágrimas de saudades escorreram abundantemente pela minha face. O passado não volta, mas não conseguimos apagá-lo. Os atos nos pertencem, mesmo que estes estejam reparados, são nossos.

"Quando quis ir ao quarto, ouvi barulho, fui para o outro lado da casa e vi Rodrigo, meu neto, chegando com outras pessoas.

"'Vou dizer a vocês o que devem carregar' – disse meu neto a um grupo de homens.

"Então percebi que nos outros cômodos, principalmente na parte da casa que ficava em frente à estrada, havia poucos móveis. Meu neto deu as ordens:

"'Levem esta cama e deixem o colchão, pois está muito velho! Carreguem esta cômoda, deixem o sofá.' Parando diante dos quadros disse: 'Vamos deixar estas pinturas, meu pai não gosta delas. Vou verificar se tiramos tudo. Pelo que soube, em noventa dias as águas estarão represadas, e tudo isto aqui estará embaixo delas'.

"'Não é uma pena inundar tudo isto?' – perguntou um dos carregadores.

"'Quem pode impedir o progresso?' – respondeu Rodrigo.

"'Dizem que há um senhor na cidadezinha que não quer sair. Ele diz que nasceu lá e que lá irá morrer com água ou sem' – comentou outro homem.

"'Certamente que eles, os responsáveis pelo projeto, tentarão convencê-lo, e, se não conseguirem, irão tirá-lo a força. Se meu avô Luís estivesse vivo, iríamos ter o mesmo problema' – falou meu neto.

"'É verdade o que dizem, que o senhor Luís não saía da fazenda? Que só andava pelas redondezas? E que ficava muitas horas do dia no jardim?' – perguntou curioso um dos carregadores.

"'É verdade' – esclareceu Rodrigo. – 'E quando não estava no jardim, ficava aqui sentado olhando seus quadros.'

"'Estes retratos são velhos! Não serão peças raras?' – indagou outro homem.

"'Não!' – expressou meu neto secamente. – 'As molduras estão carunchadas e as pinturas apagadas. Creio que meu avô não iria querer vê-las expostas como antiguidades nem à mercê da curiosidade das pessoas.'

"Fiquei ali vendo os homens carregarem o que podia ser útil. Tiraram os lustres e tudo o que meu neto achou ser de maior valor. Doía, no meu íntimo, ver aquela casa, que tive por lar, ser desmanchada. Compreendi os ensinamentos que tivera na escola, no plano espiritual, de que nada material nos pertence, e que até mesmo o corpo carnal vira pó, que não levamos nada do plano físico para a espiritualidade. Podemos ter bens materiais somente por um período sob nossa administração. Achava que não era apegado aos bens materiais, e sim às lembranças, ao que significava cada objeto. Estava errado, não conseguira ainda me desvincular daquela residência, por isso sofria ao presenciar o seu desmanche. Queria que a casa e o jardim das rosas permanecessem para sempre do mesmo jeito que os deixara. Mas tudo ali só era importante para mim. E eu que já havia chorado tanto, ali naquele momento, derramei as mais sentidas lágrimas.

"Rodrigo, depois de verificar todos os cômodos, pagou os homens e pediu que eles fossem embora. Saiu da casa, foi até o seu veículo e voltou com um barril de combustível, jogou o líquido nos cantos da construção, na cerca e nos pés de algumas roseiras.

"'Perdoe-me vovô!' – rogou Rodrigo baixinho. – 'Vou colocar fogo! Este pedaço da fazenda agora pertence ao governo que o desapropriou. Não posso mais impedir a entrada de estranhos na casa. Queimo tudo para que ninguém entre aqui e profane este local, que é sagrado para o senhor'.

"Beijei-o, Rodrigo não sentiu, mas recebeu meu carinho, suspirou tranqüilo e acendeu o fósforo.

"Logo o fogo estava alto e queimou tudo.

"Fui embora chorando, porém, disposto a trabalhar muito, a melhorar intimamente, aprender para progredir sempre. Tinha um objetivo, ansiava fazer uma tarefa, e consegui. Logo depois dessa visita, a primeira que fiz desencarnado à Casa do Lago, passei a fazer parte de uma equipe que auxilia os que erraram por terem uma paixão obsessiva. E foi com esses amigos que muito aprendi trabalhando. Como se erra por paixão! Quantos crimes são cometidos! Quantas imprudências! Foi ajudando que aprendi a amar sem egoísmo de posse, querendo o bem do ser amado antes do meu."

Luís enxugou algumas lágrimas e voltou a narrar:

– Antônio Carlos, tantos anos se passaram! E eu estou aqui novamente, tenho dúvidas. Será bom recordar o passado?

– É bom relembrar – respondi –, para que possamos tirar lições dos erros e ter motivação para acertar no presente.

– Espero que por meio desse encontro, possa compreender o amor intenso que senti por Helena, o que me levou às raias da loucura e a cometer desatinos, os quais me trouxeram tantos sofrimentos.

E, enquanto esperávamos por ela, ficamos olhando tudo.

– Nada mais aqui é como outrora, mas o lugar continua maravilhoso! – exclamou Luís.

“Helena certamente não tardaria e, com certeza, iria gostar de rever o lago naquela linda tarde de outono” – pensei.

Observei novamente a imensidão d’água, vi lá no fundo os alicerces da cidadezinha, a escada de pedra, e, da antiga casa, só restavam algumas pedras e tijolos queimados.

Virei para o outro lado, a alguns metros da árvore onde estávamos; havia somente algumas marcas da antiga estrada. Atualmente haviam construído e asfaltado uma outra, para servir a moradores e turistas, pois ali se tornara um local de lazer. Casas de veraneio cercavam o lago e suas águas.

Vi que meu amigo Luís ansiava pela chegada de Helena, aguardava-a como um adolescente enamorado. Sentimentos são atributos do espírito e estes continuam em nós na espiritualidade, pois, ao desencarnar, não perdemos nossa individualidade, continuamos os mesmos que fomos quando encarnados. Mas quando queremos nos melhorar, temos sempre oportunidades para aprender. Assim, a paixão se transforma em amor verdadeiro. Como seria bom se o amor fosse cultivado em nós como cultivamos uma flor de rara beleza que necessita de cuidado e atenção, e que perfuma e embeleza nossa existência.

Vi Helena surgir volitando devagar sobre o lago. Luís se alegrou e seus olhos a seguiram. Concluí que é sempre agradável rever o ser a quem amamos. Um doce e suave encantamento faz brilhar nosso olhar. Ela observou tudo e, pelo seu jeito, sentiu, assim como ele, que nada estava como antigamente.

– Como é bom estar perto de pessoas a quem amamos e que nos amam! Como Deus é Pai Misericordioso não separando afetos! – balbuciou Luís.

Helena aproximou-se sorrindo meigamente. Levantei-me, peguei sua mão, cumprimentando-a. Ela abraçou Luís. Ajudei-a a sentar-se, acomodando-a ao nosso lado.

– Boa tarde, Antônio Carlos! Alegro-me por ter aceitado nosso convite – disse ela sorrindo encantadoramente. – Luís, por que marcou um encontro comigo neste local? Por que voltar aqui?

– Ao contrário de você, Helena, tenho boas recordações deste lugar. Queria conversar, recapitular o que nos aconteceu e achei que aqui, onde vivemos períodos encarnados, era o melhor local para entender o que passamos.

– O passado não volta – opinou Helena –, dói no íntimo recordar certos erros. Mas todos os nossos atos, bons ou maus, fazem parte de nossa vida. Você tem razão, só conhecemos o passado do qual participamos, ou o que nos contaram. Acredito que agora temos tranqüilidade para saber de tudo.

– Amei você demais, Helena – expressou-se meu amigo. – Ou melhor, tive por você uma paixão doentia, foi como uma doença crônica que depois de muitos anos aprendi a suportar. Doentes se curam, e sarci. Agora posso dizer com compreensão que a amo.

– Luís, como você define neste momento, o sentimento de amor entre duas pessoas? – perguntou Helena olhando-o ternamente.

Luís pensou por alguns segundos. Fiquei quieto, olhando-os. Optei por escutá-los o mais silenciosamente possível, pois aqueles dois espíritos que eram amados por mim, necessitavam de uma conversa franca, para que não tivessem mais dúvidas do que ocorrera no passado. Ele sorriu e depois respondeu o que sentia:

– Escutei há algum tempo uma palestra no auditório de nossa colônia, de um visitante que, quando encarnado, foi um dedicado professor das verdades contidas no Evangelho. Disse ele: "Se em sua caminhada evolutiva, encontrar alguém que lhe queira bem e você a ela, aceite esse carinho com suavidade. Não lhe peça nada, não exija, não reclame. Quanto mais lhe quer bem, menos a explore; sirva-a sem nada pedir e sem esperar retribuição, porque, caso imponha sua vontade, modifica esse sentimento carinhoso, podendo até decretar o fim da relação. Só com espontaneidade o amor e o carinho sincero entre dois seres floresce como uma flor delicada. Devemos receber com alegria o que com amor nos é dado".

Suspirei, achei lindo o que ele disse. Observei-os. Helena olhava carinhosamente para Luís e ele disse como se falasse para si mesmo:

– Seus olhos azuis são lindos como outrora, mas estão diferentes. Antes eram confusos, inquietos e expressavam medo e angústia. Agora estão tranqüilos como as águas à nossa frente, e deixam transparecer o que guardam no íntimo. Você, Helena, agora é feliz.

– Luís –, falou Helena com seu jeitinho delicado – eu também aprendi muito com outras experiências no corpo físico e aproveitei as oportunidades de estudo e trabalho no plano espiritual. Compreendi o que é viver, lendo obras selecionadas, que nos educam e esclarecem, que curam nossos males, dando-nos incentivos e alegrias. Sou adepta dos que pensam que bons livros dão saúde à alma, ao espírito.

Os dois me olharam e Luís pediu:

– Antônio Carlos, por favor, diga-nos: o que é o amor para você?

– Completando o que vocês falaram sobre esse nobre sentimento, o amor para mim, o qual intimamente mais me esforcei para aprender e que guardo no meu íntimo como uma dádiva é que: quando se ama, não se deve reter perto da gente o ser amado. Deve-se deixá-lo em liberdade. Se a morte física o fizer ausente, permita que siga seu caminho. Não lhe peça nunca que fique conosco. Ampare-o com sua prece e saudade. Se forem afins, não existirá distância que os separe, estarão sempre juntos, unidos pelo carinho e pelo pensamento, porque, para o espírito, a afinidade é tudo, e a distância material não é nada. Ame de forma sincera e pura e terá o ser amado sempre perto.

– Acho que nossa compreensão sobre o amor é verdadeira. Vamos agora falar dos acontecimentos do passado. Comece, Luís, a narrar suas lembranças – pediu Helena.

Ele olhou para o firmamento, sentiu os acontecimentos guardados em si e começou sua narrativa.

segundo capítulo

A Casa do Lago

— Lembrar agora, desencarnado, é como viver aqueles momentos novamente – disse Luís, falando cadenciado. – Vou dizer o que vier à mente, começando pela minha infância feliz.

"'Luís desça já daí, menino levado! Você pode cair'.

"'Esta cerca me agüenta, sou forte e não caio' – respondi sorrindo para Olívia, minha pajem, que era meiga, bondosa, inteligente e mais velha do que eu dois anos. Sua mãe era serva de confiança da minha genitora e ela a acompanhava ao trabalho, isto é, vinha à nossa casa. Meninota, já ajudava nos serviços domésticos e, adolescente tornou-se nossa empregada. Sempre se preocupou comigo. Recordo-me bem e com ternura dessa amiga, ela criança, depois mocinha. Era morena, bonita, alta, de olhos expressivos, usava duas tranças nos cabelos negros e compridos. Minha mãe a achava responsável, trabalhadeira e todos da minha família se afeiçoaram a ela.

"Eu gostava de brincar na cerca do jardim, lugar de onde avistava as águas. Nosso lar era muito bonito. A casa tinha sido modificada, reformada ao gosto de minha mãe. Antes, a entrada era voltada para o lago e a estrada dava uma volta do lado direito da construção. Com a reforma, ficou com duas entradas, que davam para diferentes salas de estar. Era um casarão, muito grande mesmo, com cômodos espaçosos, e ficou conhecida como A Casa do Lago.

"Seguindo à esquerda, pela entrada que passava em frente da nossa residência, íamos à vila – um agrupamento com cerca de trinta casas e distante de nós dois quilômetros. À direita, a quinze quilômetros, situava-se um lugarejo maior, onde havia uma igreja consagrada à Nossa Senhora, e que tinha um pároco: o padre Romeu. Os moradores da região consistiam de alguns fazendeiros, a maioria pequenos sitiantes, e de pessoas que trabalhavam como empregados. O comércio era simples; quando necessitávamos de mercadorias diferentes, tínhamos de buscar em centros maiores, que ficavam mais distantes.

"Desde pequeno, gostava de ficar na parte velha da casa. Meu quarto era enorme, as duas janelas davam vista para a paisagem lindíssima.

"Meus pais, minha irmã e meu irmão tinham seus dormitórios na parte nova.

"A casa era decorada com muito bom gosto, principalmente a ala recém-construída, ficando os móveis antigos nos cômodos dos fundos, como mamãe chamava a parte que defrontava com o lago. Rodeava a casa uma varanda aberta; descendo alguns degraus, tínhamos o imenso jardim que estava sempre florido.

"Meu pai era dono de uma grande fazenda, com criação de animais e diversas plantações. Ele a administrava com segurança, tinha diversos empregados, todos bem-tratados.

"Meus genitores casaram-se jovens e tiveram muitos filhos, os quais desencarnaram pequenos; crescemos só nós três. O mais velho, João Augusto, Cecília e eu, que tinha o mesmo nome de meu pai: Luís. Mamãe chamava-se Eugênia.

"Éramos muito unidos e amigos; benquistos por todos, principalmente pelos vizinhos, pois meu pai sempre fazia favores a eles.

"João Augusto era bem diferente de mim, muito gentil e quieto; gostava de ler e fazia poesias escondido de nossos pais. Às vezes eu as lia, achava-as sem sentido, mas para ele, dizia que eram bonitas. Respeitava seu modo de ser e guardava seu segredo. Meu irmão era um ser especial, todos o amavam e eu lhe queria muito bem. Lembro-me bem do que João Augusto me disse uma vez, quando escutamos parentes comentarem que éramos muito diferentes:

"'Mesmo sendo irmãos, Luís, não somos iguais, pois cada ser é um filho dileto de Deus. Somos almas distintas, resultados de muitas experiências. Nosso Pai Celeste não faz cópias'.

"Meu pai desejava que meu irmão fosse mais ativo, às vezes o obrigava a acompanhá-lo a cavalo, pela fazenda. Oferecia-me para ir em seu lugar, pois gostava dessas excursões; João Augusto, não. Quando nosso genitor ficava bravo com ele, este abaixava a cabeça e às vezes ia chorar no quarto. Eu tentava consolá-lo, só que não compreendia o porquê de ele chorar e ser tão sensível, não gostar de andar pela fazenda e ficar tanto tempo dentro de casa lendo.

"Eu era como um passarinho solto; fazia traquinagens por todo lado e só chorava quando mamãe me dava umas palmadas por ter me excedido nas molecagens.

"Cecília era uma menina comportada e muito linda. O xodó de minha mãe, que a vestia com lindos vestidos e gostava de exibi-la nas festas. Não tive muito contato com Cecília. Ela não gostava do meu comportamento, não se sujava nunca e estava sempre na companhia de mamãe. Cresceu e tornou-se uma moça encantadora.

"'Não sei como Luís aprecia esses meninos da vila! Não gosto de você porque é rebelde! Mamãe não consegue educá-lo porque é o preferido do papai'. É assim que me lembro de Cecília referindo-se a mim, reclamando do meu comportamento.

"Meus pais arrumaram um pretendente para ela: Alberto veio com a família conhecê-la. Recordo-me de que meus pais conversaram comigo por horas ditando regras de como deveria me comportar. Foram chatíssimos aqueles dias em que a família do noivo da minha irmã se hospedou em casa. Por sorte, os dois gostaram um do outro e marcaram a data do casamento.

"Alberto morava longe de nós; seu pai era primo do meu e essa união os deixou contentes.

"O casamento foi um luxo e teve muitas festas. E eu tive de me comportar, pois fui ameaçado por meu pai de que, se não o fizesse, levaria uma grande surra. Com dezesseis anos, Cecília casou-se, sentindo-se muito feliz. Veio muita gente de fora, nossa casa foi invadida por estranhos. Temendo a surra prometida, comportei-me. Senti-me aliviado quando tudo terminou. Cecília partiu chorando e, pior, mamãe ficou muito triste.

"Para mim, não fosse a tristeza de minha mãe, nada havia mudado; conversava pouquíssimo com Cecília. Ela foi para longe mesmo, meses depois de casada, mudou-se com Alberto para outro país, e nós nunca mais a vimos. Recebíamos cartas, sabíamos deles, ela estava feliz e teve filhos que não conhecemos.

"Mamãe se apegou a João Augusto. Ele queria ir para uma cidade maior estudar, papai não deixou. Meu genitor dividiu a fazenda ao meio, uma parte para cada um de nós. Fiquei contente por saber que herdaria a parte do lago.

"Embora fôssemos muito diferentes, e meu irmão mais velho do que eu sete anos, éramos unidos por uma amizade sincera. Meu pai preferia a mim e não escondia a preferência, pois era como ele, ativo, esperto e interessado nos negócios e na fazenda.

"Nessa época, sempre havia discussões em casa, ou entre meus pais, ou entre meu genitor e meu irmão.

"'Quero que seja homem! Não igual a esses que estudam e esquecem da terra!' – dizia sempre meu pai.

"João Augusto fez vinte e dois anos e papai quis casá-lo. Nossos pais planejaram levá-lo para conhecer algumas pretendentes, filhas de amigos e parentes. Meu irmão não se entusiasmou.

"'João Augusto' – roguei –, 'obedeça e trate de escolher bem, uma morena linda ou uma loura de olhos claros.'

"'Não queria noivar!' – expressou-se meu irmão triste. – 'Odeio-me, às vezes, por não ter coragem de dizer não ao papai. Não desejo casar agora, quero estudar, ser professor!'

"'Professor?' – indaguei espantado. – 'Mas você tem sua fazenda para administrar!'

"'Papai quer que eu seja o que não quero ser. Quero ir para uma boa escola, anseio por estudar. Casamento arranjado, sem amor, não faz parte dos meus planos. Gostaria de me apaixonar, ter alguém que me compreendesse e que me amasse. O amor é tudo na vida!'

"'João Augusto, esqueça o amor. Papai fala que esse sentimento não enche barriga! Não mata a fome!' – falei tentando convencê-lo.

"'Você ainda é novo, Luís, para entender que o amor alimenta a alma, dá sentido à vida. Estou triste, meu irmão, por ser covarde'.

"'Vá com nossos pais conhecer essas moças e peça para pensar. Quem sabe você não encontra uma que lhe agrade' – aconselhei-o.

"'Tomara!' – exclamou João Augusto aborrecido.

"Mas não encontrou. Em cada uma delas meu irmão colocava um defeito.

"'É muito magra! É gorda! Não é inteligente etc.'

"Mas para mim dizia:

"'Não tem sensibilidade! Não gosta de poesias! Nunca leu um livro! Etc.'

"Meu pai estava muito bravo com as desculpas dele e resolveu casá-lo contra sua vontade. Ele e mamãe escolheram uma moça que era filha de uma prima de minha mãe. Marcaram a data para pedi-la em casamento. João Augusto ficou muito chateado, mas não conseguiu se impor. Vi-o chorar muitas vezes.

"Foi então que começaram os rumores de que nosso país ia entrar em guerra."

Luís fez uma pausa; certamente essas lembranças o entristeciam. Helena comentou:

– Luís, lembro-me bem da guerra. Era pequena e foi um período difícil, passamos até fome. O governo necessitou dos alimentos que plantamos e houve escassez de tudo. Vi muitas pessoas chorarem por terem alguém da família morto em conflito. E embora não guerreassem por esta região, padecemos por essa discórdia. Minha mãe chorou muito, o irmão dela foi soldado, não morreu, mas voltou diferente, quieto e muito triste. Depois que regressou, visitou-nos e falou chorando dos horrores que presenciara. Como a guerra traz infelicidades! Você não acha, Antônio Carlos?

Concordei e dei minha opinião, respondendo a ela o que sentia, ser essa briga sanguinária em que irmãos se matam.

– A guerra é uma grande demonstração de egoísmo, que nós, que reencarnamos na Terra, ainda temos de vencer. O egoísmo é a fonte de todos os nossos males, enquanto o amor é o precioso remédio.

"Para termos paz no mundo – continuei a falar –, é necessário que esse sentimento comece dentro de cada um de nós. Muitos ainda, infelizmente, querem para si o que não querem para o próximo. E não raro, tiram dos outros para dar a si mesmo. Pensando e agindo assim, a pessoa não tem paz consigo mesmo, rivaliza-se até com os mais próximos. Há brigas no lar, com vizinhos, parentes, conhecidos e desconhecidos. Unido a esse egoísmo, considera seu país superior a outros, usando de armas, deslealdade etc. E, não aceitando de forma nenhuma a razão dos outros, tem-se a guerra. É certo ser patriota, mas não acima da verdade de outros seres humanos.

"'Não matarás', diz o precioso mandamento e todos concordam, mas como se mata! Nos ensinamentos de

Moisés há muitos nãos. Não faça isso, aquilo etc. Muitas proibições. Depois veio o Mestre Jesus e ensinou: 'Seja! Faça!'. Portanto, faça ao próximo o que queres que lhe façam. Seja bom! Penso que muitos ainda nem sequer seguem os nãos de Moisés. E nós necessitamos urgente seguir Jesus. Podemos resumir sua orientação numa simples palavra: 'Amor!'. E o melhor modo de amarmos a nós mesmos é amar ao próximo. Devemos nos esforçar para sermos perfeitos como é nosso Pai Criador, que faz nascer o Sol sobre os bons e os maus. E enquanto nós não renunciarmos definitivamente ao egoísmo, não haverá paz duradoura. E, quando aprendermos com o exemplo de Jesus, haverá harmonia na Terra e então não teremos mais guerras, porque todos terão a paz que o Nazareno nos deixou."

Os dois sorriram para mim; desculpei-me; viera para escutar e não para falar. Pedi para Luís continuar e ele voltou a narrar:

– Discutia-se muito sobre a guerra, os adultos só falavam nisso. Meus pais resolveram adiar o compromisso de João Augusto, e ele desabafou comigo:

"'Sinto-me aliviado por ter meu casamento adiado. Só que não entendo o porquê de as pessoas chegarem ao extremo de se matar para ter sua opinião aceita. Todas as guerras poderiam ser evitadas se houvesse um diálogo, um entendimento fraterno'.

"Meu pai conversou com minha mãe e com meu irmão, decidindo:

"'Você irá para a guerra! Lutará representando nossa família neste conflito justo. Se fosse mais jovem, seria eu a ir!'

"'Não quero ir papai!' – respondeu João Augusto. – 'Acho as guerras injustas, não terei coragem de matar ninguém. Vejo no outro que luta contra nós, meu próximo, filho de Deus como eu!'

"'Você está equivocado!' – justificou meu pai. – 'Deus está do nosso lado. Somos nós os seus filhos prediletos! O padre lhe dará a bênção, não é pecado matar quando se está guerreando'.

"'É assassinato do mesmo jeito! Não matarás nos ensina a Bíblia' – argumentou meu irmão.

"Meu pai o esbofeteou.

"'Não aceito filho covarde! Irá para a guerra! Já o inscrevi, partirá daqui a duas semanas. Voltará vitorioso e com medalhas, como se faz jus ao nosso nome'.

"Para mim, a guerra era como uma brincadeira que fazíamos nas margens do lago, em que jogávamos pedrinhas um no outro e, dependendo de onde acertava, caíamos, fingindo-nos de mortos e, no final, tínhamos vencedores e perdedores. Depois, era só levantar e iniciar outra brincadeira. Pedi ao meu pai:

"'Papai, não posso ir no lugar de João Augusto? Quero tanto ir! Vou gostar de ir para a guerra, defender nosso país, receber medalhas e voltar para casa com glórias'.

"'Não Luís, você não tem idade. É João Augusto quem irá e pronto'.

"Começaram os preparativos para ele partir. Meu irmão me pediu que fosse com ele ao seu quarto.

"'Luís, quero que me prometa que fará algo por mim, se eu não voltar mais para casa; caso eu morra na guerra'.

"'Faço tudo o que me pedir' – ponderei convicto. – 'Mas, meu irmão, você não irá morrer, voltará vitorioso!'

"'Certamente iremos ganhar a guerra, nosso país está bem armado e temos número maior de soldados. Mas num conflito tudo pode acontecer'. – João Augusto suspirou triste e voltou a falar. – 'Você está vendo esta tábua no assoalho? Ela é solta. Se eu morrer, você vem aqui, abre, pega o que está aqui e queima tudo. Faça isso escondido. Promete?'

"'Prometo!' – exclamei abraçando-o.

"Passaram rapidamente aqueles dias que antecederam sua partida. Chegou o momento da despedida; foi triste vê-lo ir embora com um grupo de moços da região. Partiu e não voltou.

"Ganhamos a guerra e meu irmão desencarnou na batalha. Ele não era covarde, mas por compreender que somos todos irmãos, preferiu ser morto a matar alguém.

"Nossa maneira de viver mudou; mamãe só chorava e papai tornou-se tristonho.

"Fui cumprir o prometido a João Augusto. Numa tarde, entrei escondido no quarto dele, levantei a tábua do assoalho a qual ele havia me mostrado e lá estavam os cadernos com suas poesias e alguns livros.

"Não queria ser indiscreto, mas ao pegar os cadernos dele, li o nome de Anelize. Pedi mentalmente licença a João Augusto para ver alguns escritos, porém não obtive resposta, mas senti vontade de ler e o fiz com algumas folhas. Entendi que meu irmão estava enamorado e, por uma de nossas servas[1].

"Compreendi então alguns fatos, tais como ele não querer se casar com as escolhidas de meus pais. Anelize era uma linda moça, seu cabelo comprido estava sempre de tranças. Sabendo que ele a amava, entendi o porquê de ela ter chorado tanto quando o grupo partiu. Pensávamos que tinha sido porque um dos seus irmãos também fora guerrear. Desde aquele dia, Anelize tornou-se triste e pensativa, e ficou doente quando recebemos a notícia da morte de meu irmão. Não prestamos atenção nela, estávamos sofrendo muito. Lendo algumas poesias, tive a certeza de que ele as tinha feito para ela e que os dois se amavam muito. Um sentimento sincero e lindo os unira. Fiquei por horas no quarto, sentado na cama dele, lendo seus escritos e imaginando o que teria acontecido se ele não tivesse desencarnado. Iria se casar com a outra, a moça que papai escolhera? Ou fugiriam, ele e Anelize, para longe? Olhei bem tudo o que peguei no esconderijo e conclui que os dois enamorados planejavam fugir. Achei um saco de tecido com as economias dele. Guardei o dinheiro.

1. Servos: o termo que se usava na região e no período em que Luís narra sua encarnação (N.A.E.).

"Coloquei todos os cadernos e livros numa sacola e acertei novamente a tábua no assoalho. Saí de casa e fui a um local com muitas pedras, acomodei tudo no chão e coloquei fogo. Fiquei ali olhando tudo queimar, só voltei para casa quando queimou o último pedacinho de papel. Chorei muito, queria que, como nas minhas brincadeiras, João Augusto voltasse, só que ele não voltou...

"Anelize, que estava afastada por motivo de doença, voltou a trabalhar; reparei nela, estava magra e abatida. Dias depois, ela pediu a mamãe para dispensá-la. Fiquei na sala para ouvi-la.

"'Dona Eugênia, meu outro irmão mora na cidade e sua esposa está adoentada, eles têm três filhos pequenos, e ele me pediu para ajudá-los. Se a senhora me dispensar, vou morar com eles até que minha cunhada melhore'.

"'Claro que sim! Vá quando quiser. Peça a Olívia para lhe pagar o salário'.

"Quando Anelize saiu da sala, chamei-a.

"'Anelize, venha comigo ao meu quarto. Quero que arrume minhas roupas no roupeiro'.

"Quando ela entrou no quarto, verifiquei se não tinha ninguém nos ouvindo e falei:

"'Sinto muito, Anelize, por tudo o que lhe aconteceu. Quero que saiba que sempre poderá contar comigo para o que necessitar. Por favor, aceite este dinheiro'.

"Dei-lhe o saco com as economias de João Augusto. Ela não pegou, olhou-me fixamente. Coloquei o saco em suas mãos.

"'Fique com ele, Anelize! Acho que é isso o que meu irmão quer. E não esqueça, se precisar, seja o que for, eu a auxiliarei'.

"'Seus pais sabem?' – indagou ela ansiosa.

"'Não! Só eu sei, e não falarei a ninguém' – respondi.

"Ela suspirou aliviada, quis me devolver o dinheiro. Fui categórico:

"'É seu! Aceite!'

"Lágrimas escorreram por sua face. Anelize saiu do quarto, de nossa casa e também não voltou. Mas sempre tive notícias dela, ficou morando com o irmão, ajudando a cunhada a cuidar dos filhos. Teve muitos pretendentes, pois era muito bonita, mas não se casou nem namorou ninguém. Também nunca me pediu nada.

"Em casa, ninguém prestava atenção em mim. Mamãe só lembrava de me dizer que deveria me alimentar bem e estar com as roupas limpas.

"Sempre fui o filho ideal para meu pai, só que depois da desencarnação de João Augusto ele também não se importava comigo. Para minha mãe, eu era rude e rebelde. Tentava agradar os dois, mas não conseguia, entristecia-me com o desprezo deles.

"'Você, filho, será o herdeiro de tudo o que temos. Cecília está longe, é rica, que Deus a conserve assim. João Augusto morreu e não volta mais. Ainda bem que você é homem, dará continuidade ao nome de nossa família' – falava sempre meu pai quando tentava conversar com ele.

"Meus genitores já não se entendiam. Mamãe acusava meu pai de ter permitido que Cecília se casasse e fosse para longe e de ter obrigado João Augusto a ir para a guerra. Ela começou a ter atitudes estranhas. Às vezes, não falava com coerência. Meu pai tornou-se cada vez mais amargo e mal-humorado, trabalhava exageradamente e fazendo trabalhos rudes. Tentei muitas vezes conversar sobre isso e ele me respondia:

"'O trabalho cansa o corpo e não deixa a mente pensar demais. Se não fizer assim, vou acabar louco como sua mãe'.

"Minha amiga em casa era Olívia, que passou a ser nossa governanta. Gostava de conversar com ela; era a única pessoa alegre em nosso lar.

"Papai obrigou-me a trabalhar com ele. Gostava da fazenda e também de passear, andar pelas redondezas com os meus amigos. Queria trabalhar, mas não exageradamente como ele fazia; porém, obedeci e aprendi rápido, tinha 'dom' para administrar, como papai dizia.

"Recebemos outro golpe, meu pai desencarnou cavalgando. Acreditamos que teve um ataque do coração, um infarto.

"Senti muito, fiquei triste, gostava muito dele. Tinha dezoito anos e a responsabilidade da família e da fazenda.

"Mamãe desequilibrou-se mais ainda, tornou-se doente mental. Vestiu-se de preto, andava pela casa conversando como se visse Cecília. Às vezes, falava como se estivesse com João Augusto ao seu lado.

"Olívia, mesmo sendo ainda muito nova, assumiu a administração de nossa casa. Tentei cuidar da fazenda e dos negócios do melhor modo possível. Às vezes, até eu, acostumado a sorrir, esquecia-me de fazê-lo.

"Um de meus tios, irmão de minha mãe, vinha muito em casa e sempre se oferecia para me ajudar. Mas não precisava, estava me saindo bem, só que trabalhava muito. Esse meu tio queria que me casasse com uma de suas filhas, tinha cinco, gostava delas, mas não para casar. Deixei claro para ele que não queria me casar tão jovem.

"'Você é o único que sobrou para dar continuidade ao nome de seu pai e de seu avô. Deve se casar com uma moça de boa família e que lhe dê filhos. Com netos aqui, sua mãe irá se curar'.

"Pensei sem entusiasmo sobre o que meu tio falara, e foi então que prestei atenção em você, Helena."

terceiro capítulo

Um Grande Amor

Afastei-me um pouquinho, acomodando-me na beirada do banco, deixando-os juntinhos. Eles, ao recordarem, sentiriam, em certos momentos, o reviver dos fatos e, com certeza, iriam se emocionar, chorar e sorrir. Um falaria para o outro, e eu não deveria incomodá-los.

– Helena – continuou Luís a falar olhando-a –, conhecia-a desde pequena; naquela época todos se conheciam por aqui e sabiam quem era filho de quem etc. Você era uma menina quieta, caseira, mais nova do que eu três anos. Não havia, até então, reparado em você, até que numa tarde, ao sair de canoa pelo lago, a vi na janela do seu quarto. Parei à margem da vila, desci e passei caminhando em frente à sua casa, você estava debruçada no beiral da janela e olhava tristonha as águas do lago. Cumprimentei-a e lembro-me bem de que a assustei. Tentei iniciar uma conversa; não deu certo; você respondeu-me laconicamente.

"Achei-a linda, encantei-me com seus olhos azuis. Devo tê-la incomodado, porque se desculpou e entrou, fechando a janela. Voltei ao meu lar e pensei muito em você, achava que sabia tudo de sua vida. Era filha de Jovino, recatada, não tinha namorado, não dava atenção a nenhum moço, saía raramente de casa e tinha poucos amigos.

"Quando pensava em você, emocionava-me e meu coração batia mais rápido. Foi como se tivesse ficado longe de um afeto, o qual reencontrara. Agora sei que foi mesmo um reencontro. E você tornou-se o amor de minha vida.

"Percebi dias depois que estava enamorado, porque lembrava de você a todo instante e ansiei por falar a alguém dos meus sentimentos. Entristeci-me. Antes minha família era grande, a casa, movimentada e agora só restavam mamãe, que estava muito adoentada, e eu. Contei para Olívia, minha amiga e confidente, que me escutou e não fez nenhum comentário.

"Resolvi visitar você e sua família à noite; arrumei-me, vestindo roupas novas. Meu coração disparou ao bater na porta de sua casa. Fui recebido com surpresa.

"'Entre senhor Luís! Em que posso servi-lo?' – disse seu pai, senhor Jovino.

"'Vim visitá-los e conversar com Helena. Posso?'

"'Helena? O que quer dela?' – perguntou ele.

"'Senhor Jovino, sou solteiro, não tenho compromisso e sei que ela também não tem. Tenho boas intenções e quero conhecê-la melhor' – respondi.

"Jovino ficou sem saber o que fazer. Permanecemos em silêncio por instantes, até que ele falou:

"'Senhor Luís, Helena está acamada, hoje não será possível conversar com ela. Volte, por favor, no sábado'.

"Aborrecido, voltei para casa, mas no sábado estava lá, em seu lar. Você, Helena, recebeu-me na sala, vestia um vestido novo, lembro-me bem, era azul claro com renda no decote. Tentei conversar, mas me respondia com monossílabos. Sua mãe me serviu uma bebida, um licor. Você deve ter me olhado somente por duas vezes, seu olhar era triste; tive a impressão de que tinha medo.

"Fui visitá-los mais vezes. Na quinta vez, você me falou baixinho, aproveitando que sua mãe saíra da sala, deixando-nos sozinhos:

"'Luís, amanhã cedo venha se encontrar comigo no lado esquerdo da Gruta da Pedra. Às oito horas o estarei esperando'.

"Afirmei que iria com a cabeça, mas estranhei o local de que falara, pois era afastado e pouco freqüentado. Era uma vala, um buraco entre dois morros, local de escoamento de água da chuva que desaguava no lago.

"Fui de barco; você foi caminhando, a trilha por terra era difícil, porque havia muitas pedras. Quando cheguei, encontrei-a sentada num tronco de árvore. Cumprimentamo-nos e, em seguida, você falou com pressa:

"'Luís, não quero namorá-lo nem a ninguém. Não posso! Por favor, não me procure e não tente conversar mais comigo'.

"Você se levantou e saiu correndo. Corri atrás e segurei-a pelos braços.

"'Por que Helena? Fiz algo que a desagradasse?' – perguntei ansioso.

"'Você não me fez nada. Não posso casar. Não quero! Então é melhor não namorá-lo'.

"Estávamos tão próximos que não resisti e a beijei; você recebeu meu beijo quieta e, ao olhá-la, vi que chorava.

"'O que aconteceu, Helena? Por que não me quer? Gosto de você, quero me casar' – roguei.

"'Não posso casar, Luís. Por Deus, compreenda! Não quero ser a causa de mais tristeza e desgraça em sua vida. Sou infeliz! Acho que não poderei fazer ninguém feliz. Entenda e me esqueça'.

"'Nunca! Quero você!' – gritei.

"'Me largue! Deixe-me ir e não volte a me procurar' – você suplicou.

"'Fiz algo de errado? Pela Virgem Maria diga-me. Se fiz algo que a magoou diga-me, para que possa me desculpar'.

"Ficamos minutos conversando sem que eu conseguisse entendê-la, não me conformava com o que dizia.

"Deixei você ir embora e voltei arrasado para casa, desabafando com Olívia, que me ouviu calada.

"Pela primeira vez, senti solidão e fiquei agoniado com a doença de minha mãe. Se, às vezes, tentava conversar com mamãe, ela me dizia ou respondia mais ou menos assim:

"'Case-se como João Augusto fez, com uma moça que sabemos como foi criada. Logo Cecília estará aqui com seu pai, aconselhe-se com ela, minha filha é tão doce e inteligente. Embora seu pai não tenha muita educação, saberá lhe arranjar uma boa esposa. Você é muito estranho, moleque rebelde! Tentei educá-lo, mas não consegui. Saia já daqui! Está sujo e se senta na minha poltrona! Seu irmão é que é educado!'

"No outro dia, comentei com um amigo que queria namorá-la e ele respondeu-me:

"'Luís, meu caro, Helena é estranha, Joel e eu já tentamos namorá-la. Ela foge de todos os homens. É melhor você esquecê-la e arrumar outra moça para compromisso'.

"Mas a queria e fiquei com mais vontade ainda de estar com você, de tê-la para mim. Falar com meu tio não adiantaria, ele queria me ver casado com uma de suas filhas. Achando que não tinha ninguém para me aconselhar, decidi sozinho. Resolvi insistir.

"Fui à sua casa, conversei com seu pai. Pedi-a em casamento, Jovino ficou branco, gaguejou ao responder:

"'Helena não quer casar, e eu não posso obrigá-la'.

"'Pode! O senhor é o pai e pode decidir por ela. Sou rico e não vai querer brigar comigo, ou vai?'

"Ele ficou mais branco ainda. Até eu estranhei o modo como falei, não era do meu caráter fazer isso. Era rico e minha família bem relacionada; embora jovem, era dono de muitos bens e podia arruiná-lo facilmente. Como ele não me respondeu, completei minha ameaça:

"'Tem três dias para me dar a resposta. Ou Helena casa comigo ou o senhor não conseguirá plantar ou vender seus produtos'.

"Saí da casa de vocês muito aborrecido. Estava de tal forma apaixonado, que, mesmo sabendo que procedia errado, sentia-me impulsionado a agir assim. Não importava o que ia fazer para conseguir ter você, estava disposto a tudo, eu a queria desesperadamente."

Luís parou por momentos de narrar as lembranças do passado. Olhei para Helena, seu semblante estava calmo e tranqüilo. Ela o fitava séria, acompanhando sua narrativa.

– Perdoe-me Helena, fui muito imprudente – rogou meu amigo comovido.

– Você estava apaixonado e eu tinha motivos para recusá-lo. Continue, por favor, a narrar suas lembranças, fale-me tudo o que sentia – pediu Helena.

– Não é fácil falar o que sentia. A paixão é um fogo, escrevem em versos muitos poetas. Acho que eles têm razão. Amor-paixão dói no peito, às vezes nos faz sofrer mais que a doença física, tira-nos a tranqüilidade, torna-nos inseguros e, se não tivermos bom senso, acabamos cometendo desatinos.

Ele apertou por momentos a mão de Helena e continuou a narrar:

– Dois dias depois que ameacei seu pai, padre Romeu veio nos visitar. Pediu para conversar comigo em particular. Sabíamos que o pároco tinha encontros amorosos e os tentava esconder muito bem. Mas o que nós, os moços, não sabíamos por ali? Não era muito religioso e não me confessava desde o dia em que fiquei sabendo dessas aventuras, e não gostava dele. Achava que ele não era obrigado a ser sacerdote, mas já que era, tinha de cumprir suas obrigações.

"Mamãe sentia muito prazer em recebê-lo em casa e conversava com ele sobre João Augusto e Cecília, como se os dois estivessem ali presentes. Foi difícil ela nos deixar sozinhos; Olívia inventou uma desculpa e a tirou da sala. Ao ficarmos a sós, padre Romeu foi logo ao assunto:

"'Luís, gosto de todos de sua família e admiro-o muito. Vocês são todos católicos e é prazeroso tê-los como amigos. Entristeço-me por sua mãe estar doente. Mas vim aqui, hoje, porque Jovino procurou-me na igreja e contou-me de sua ameaça. Você não pode agir assim. Terá coragem de fazer o que prometeu?'

"'Sim' – respondi. – 'Quero casar com Helena e não entendo o porquê de sua recusa. O senhor sabe por que ela não me quer? Se não tem namorado e nunca teve? Será que ama outro?'

"'Luís, Jovino não quer lhe dar a filha em casamento com medo de que, após, não a queira mais e a devolva. Helena não é virgem!'

"'O quê?! Como isso é possível?' – indaguei assustado.

"'Helena não é mais virgem e não tem coragem de falar para você' – disse o padre.

Luís aquietou-se por alguns momentos, fazendo uma pausa na sua narrativa, depois continuou:

– Sabíamos, meus amigos e eu, de tudo o que se passava na região. E nunca soubemos nada de você, Helena, nunca a vimos com ninguém. E ali, era lei: um homem que tivera um relacionamento com uma jovem de família, tinha de casar. Então continuei questionando o padre:

"'Com quem Helena se envolveu?'

"'Não posso falar' – respondeu o padre.

"'Pode e vai!' – gritei.

"Peguei padre Romeu pelo colarinho, levantei-o e apertei seu pescoço; sufocando-o, ameacei:

"'Fale, senão conto a todos e mostro provas de suas safadezas, de seus encontros amorosos'.

"'Com Jovino!" – falou o padre com dificuldade.

"Larguei-o. Ele caiu na cadeira passando as mãos pelo pescoço dolorido, pois apertara bastante.

"'É melhor explicar direito' – ordenei.

"'Ouvi Jovino em confissão, ele foi tentado e abusou sexualmente das duas filhas mais velhas. Agora, com suas ameaças, viu-se em apuros e me procurou pedindo que lhe contasse que a filha não é virgem. Certamente me pediu para não falar que foi ele o culpado'.

"Xinguei seu pai, com raiva. Estava tão transtornado que até esqueci que conversava com um sacerdote, uma pessoa que deveria ser um líder, um guia espiritual. Mas o pároco não se importou com meu desabafo. Completei determinado:

"'Vou acabar com ele!'

"'Sem violência, por favor!' – pediu padre Romeu. – 'Tenho um plano, caso concorde, resolveremos a questão. Luís, se gosta de Helena, saiba que ela não é culpada, mas sim vítima de um homem doente, de um pai pecador. Vamos nós dois conversar com ele na igreja amanhã e exigir que Jovino suma daqui. Sei de um navio que partirá na semana que vem para longe, irá só com a passagem de ida e com pouca bagagem. Terá o castigo que merece, não respeitou a família, que fique longe dela. E, depois você escolhe, se quer ou não sua amada'.

"Como fiquei quieto e não respondi, após alguns segundos, ele continuou falando:

"'Estou lhe prestando um enorme favor. Você e sua família são católicos, tenho rezado missas para seus mortos, venho visitar sua mãe e...'

"'Quanto quer para me fazer esse favor?' – indaguei.

"'Bem... Sabe Luís, a igreja não permite que casemos, sou homem e sinto falta de mulheres. Tenho de ter cuidado com esses encontros, meus paroquianos não podem saber. Você poderá me ajudar arrumando um local discreto por aqui para me encontrar com elas. E terei uma boa desculpa: visitar dona Eugênia'.

"'O senhor me dá nojo. Não difere de Jovino' – acusei-o.

"'Não nos compare! Eu nunca forço ninguém a ter relações comigo' – disse o padre se defendendo.

"'É só isso que quer?' – perguntei.

"Padre Romeu confirmou com a cabeça.

"Deu-me uma vontade de lhe dar uns socos, mas me contive. Ele pacientemente esperou que pensasse. Não podia deixar que Jovino continuasse com aquela barbaridade, mandá-lo para longe, seria a maior caridade que faria a você e à sua família. E, quanto a casar, conclui, resolveria depois. Mas, preocupei-me: Será que você iria me querer?

"'E se fizer tudo isso e ela não me quiser?' – perguntei.

"'Helena fará o que eu quiser, o que você quiser, se a livrarmos do pai carrasco; será eternamente agradecida. Depois, ela o ama, não o aceitou por noivo de medo' – respondeu o sacerdote.

"Bastou-me ouvir isso para não ter dúvida, aceitei a proposta dele e dei-lhe dinheiro para que comprasse a passagem de Jovino.

"É difícil descrever o que senti, estava com raiva de seu pai e alegre por achar que a teria para mim. Passei a noite em claro e concluí que queria você como esposa; resolvi, como se só coubesse a mim a decisão.

"No outro dia cedo, recebemos uma carta de Cecília. Minha mãe sabia ler, mas já não enxergava bem e era eu quem as lia para ela. As missivas estavam escasseando e eram cada vez mais curtas. Já havia pedido para minha irmã mandar mais notícias, contei o estado de mamãe e pedi que viesse vê-la.

"Nessa carta, Cecília deixou claro que não voltaria mais à nossa casa; pediu-me que cuidasse de mamãe, pois tinha muitos afazeres, filhos pequenos, marido que não podia se ausentar dos negócios etc.

"Não tive coragem de ler a correspondência de minha irmã e pela primeira vez, resolvi mentir, escrevi outra e li para ela, deixando-a contente. Passei a fazer isso com freqüência. Lia-as como se Cecília as tivesse escrito, grafava-as carinhosamente e tinha paciência de reler sempre que ela quisesse.

"Fui para a cidade à tarde, e no horário marcado estava na casa do padre Romeu. Jovino estava lá me esperando, cumprimentei-o com raiva. O sacerdote, temendo que brigássemos, ordenou a seu pai:

"'Vá, Jovino, para casa; faça uma pequena mala e volte para partir. Tenho uma pessoa de confiança, que o levará ao porto, irá embora e não voltará mais aqui. Se voltar, nós o levaremos ao tribunal'.

"Tive vontade de esmurrá-lo; Jovino estava assustado, olhou-me com medo. Ordenei ameaçando-o:

"'Faça o que o padre está dizendo. Não vou denunciá-lo em consideração à sua família, porque se esse fato vier a ser do conhecimento de todos, elas sofrerão mais ainda'.

"Jovino abaixou a cabeça e não respondeu nada. O homem de que padre Romeu falara, entrou na sala, pegou seu pai pelo braço e saíram. Esse empregado da casa paroquial era forte e alto e acompanhou-o até sua casa deixando que seu pai só pegasse algumas roupas. Levou-o ao navio certificando-se de que realmente partira. Assim seu pai foi embora e não soubemos mais dele.

"No outro dia, visitei você e conversei com sua mãe. Deixei claro que sabia o que tinha acontecido e que queria me casar com você. Sua genitora emocionou-se e chorou de alegria.

"'Meu caro e bondoso Luís' – agradeceu ela –, 'somos gratas pelo que nos fez, tínhamos um carrasco dentro do nosso lar. E só pelo modo como resolveu o problema, sem que outras pessoas soubessem, é gratificante. Beijo suas mãos como gratidão'.

"Você não disse nada, comoveu-se com os agradecimentos de sua mãe, seus olhos encheram-se d'água. Queria tanto ser amado por você, que, ao ver sua emoção, achei que era amor, e que me amava também. Decidi por todos.

"'Vou mandar dois empregados meus virem ajudá-las, trabalharão nas suas terras e tomarei conta de tudo para vocês. E, para todos, Jovino arrumou um emprego longe daqui, onde ficará por uns tempos e, se der certo, voltará para buscar a família. Ninguém deve saber o que se passou aqui. Vamos nos casar, Helena e eu, daqui a trinta dias. Aqui está o dinheiro para o enxoval e compre para minha futura esposa, um vestido bem bonito para nosso casamento'.

"Em casa, eu mesmo preparei o quarto para recebê-la, quis ficar na parte voltada para o lago. Estava contente, mesmo com alguns problemas, sentia-me entusiasmado e fiz tudo com carinho.

"E, padre Romeu cobrou-me o que lhe devia. Olívia me vendo preocupado, indagou-me e acabei contando a ela, omitindo o que Jovino fizera.

"'Vou ajudá-lo a resolver isso e esses encontros podem ser na casinha do alto'. – Olívia opinou achando uma solução.

"'Olívia, o que seria de mim sem você?' – disse sorrindo.

"A casinha do alto ficava a cerca de cem metros de nossa casa, numa pequena elevação, no sopé de um morro. Era uma construção pequena, que papai usava para receber amigos que ali pernoitavam quando ele organizava caçadas e pescarias. Desde que meu pai morreu, ninguém mais a usara.

"Padre Romeu veio disfarçado, foi para a casinha do alto e teve seu encontro. E deu tudo certo.

"Ia vê-la, Helena, todas as noites, ficávamos na sala de sua casa. Só eu falava. Às vezes, sua mãe e suas irmãs conversavam comigo. Você continuava quieta, respondia com monossílabos e eu não compreendia o porquê, acreditava que era timidez e que certamente você estava tão contente quanto eu com o nosso casamento.

"Olívia cuidava de tudo em casa; era uma ótima governanta, decidia desde o que comeríamos até o que tínhamos de comprar. Fazia companhia para minha mãe e cuidava dela como se fosse sua filha.

"O dia do nosso casamento chegou.

"Estava muito feliz, realizava meu sonho, casava-me com a mulher que amava. Até mamãe foi, mesmo sem entender bem o que estava acontecendo; ela ficou quietinha na igreja ao lado de Olívia.

"Você, Helena, estava muito linda, com o vestido novo e com flores no cabelo. Padre Romeu fez um bonito sermão.

"Foi um sim emocionante. Ali, defronte do altar, por momentos lembrei-me de João Augusto e compreendi o que um dia ele me dissera: 'o amor é algo muito importante em nossa vida'. Tive a certeza de que você era o amor da minha existência.

"Depois dos cumprimentos, fomos para casa. E Olívia nos presenteou com um bonito e delicioso jantar."

Luís suspirou; aquelas lembranças agradáveis o fizeram sorrir. Depois de um pequeno intervalo, exclamou enamorado:

– Senti-me realmente feliz com o nosso casamento. E você, minha querida, está agora linda como naquele dia.

Helena sorriu para ele e comentou:

– Foi um jantar muito agradável! Olívia o preparou com carinho. Você foi muito auxiliado por esta amiga, não é Luís?

Luís afirmou com a cabeça e seu olhar suavizou-se, demonstrando muito carinho por Olívia.

quarto capítulo

A Grande Amiga

– Olívia! Como foi bondosa comigo essa doce e meiga amiga! – exclamou Luís.

– Alguém falou de mim?

Escutamos uma voz agradável, foi como se ouvíssemos uma bela cantiga. Olhamos para trás e vimos uma mulher desencarnada com um lindo sorriso e olhar feliz.

– Olívia! – expressou-se Luís emocionado.

– Helena! Luís! Que bom revê-los!

Ela abraçou Helena e depois o amigo, indagando-os:

– Que agradável surpresa revê-los! O que fazem aqui?

– Estamos recordando o passado para compreendê-lo – respondeu Luís. – Olívia, este é um amigo muito querido, Antônio Carlos, um contador de história.

Cumprimentamo-nos. Olívia sentou-se ao meu lado e falou meigamente:

– Encontraram-se para compreender o passado! Só o entendemos quando vivemos junto de outros e se este nos for narrado de diversos modos, porque, como protagonista, cada um faz um papel, tem seus conflitos, razões e erros. Nunca ninguém ficou sabendo de toda uma história por um só participante.

– Não a vi mais, Olívia – expressou-se Helena. – Como vai você? O que está fazendo? Foi muito generosa comigo e lhe devo um obrigada, um agradecimento, e o faço agora de todo meu coração.

Olívia sorriu, achei que ela estava acostumada a receber agradecimentos e os recebia com seu jeitinho delicado, embora tivesse aparência forte, alta e corpulenta. Sentia que Olívia não auxiliava com a intenção de receber algo em troca, porém compreendia que não deveria privar ninguém da lição de agradecer. E, com certeza, aproveitava sempre para ensinar que a ajuda recebida fora trabalho de alguém, e que o maior benefício é o exemplo que o benfeitor dá, mostrando ao outro que sempre é possível ser útil.

Helena a olhou e entendeu que aquele sorriso era uma resposta, pegou a mão de Olívia e a beijou. Sua benfeitora respondeu ao gesto beijando-a também.

– Vocês têm se encontrado? – perguntou Helena.

– Foram, e são tão amigos!

– É verdade – respondeu Luís –, somos unidos por uma sincera amizade. Para espíritos que se querem bem não há distância, encontramo-nos sempre, conversamos e sabemos um do outro.

– Eu trabalho com os encarnados – informou Olívia. – Faço parte de uma equipe de trabalhadores de um centro espírita, situado na cidade aqui perto. Gosto muito do que faço.

– Você faz parte do nosso passado Olívia. Por que não nos conta sua história? – rogou Luís.

– Gostaria de ouvi-la – pediu Helena.

Olívia olhou-me.

– Por favor – falei – estejam à vontade. Aqui estou como simples ouvinte. Escutá-la só me dará prazer.

Olívia não se fez de rogada e começou a narrar:

– Nasci na fazenda dos pais de Luís. Minha família era numerosa, fui a décima filha, minha mãe era serva na casa sede. Uma vez fui com ela para ajudá-la em seu serviço e acabei brincando com você, Luís. Dona Eugênia, sua genitora, gostou, achou que eu poderia aquietá-lo, então fiquei como sua pajem, embora fosse só dois anos mais velha que você. Era comportada, obediente e ajuizada para minha idade, sua mãe gostava de mim. Comigo por perto, você se comportava melhor, porque era muito ativo e fazia traquinagens que a enervava. Seus irmãos eram diferentes; João Augusto sempre foi uma pessoa muito boa, educada, incapaz de desobedecer a seus pais. Cecília era como uma cópia de sua mãe. Sua genitora preocupava-se muito, porque para ela você era rebelde como o esposo. Mas o senhor Luís, seu pai, não era o que dona Eugênia dizia, e sim bondoso, trabalhador, só não tinha o comportamento social e a educação que ela queria. Os dois discutiam muito, e João Augusto sempre os estava apaziguando.

"E quando seu pai o inscreveu e obrigou seu irmão a ir para a guerra, dona Eugênia ficou furiosa e brigou muito com ele.

"Recebemos com muita tristeza a notícia do desencarne de João Augusto. Acredito que ele não foi capaz de dar um tiro, de usar sua arma com receio de ferir alguém."

Olívia fez uma pausa e Luís interrompeu-a completando com o que sabia:

– Encontrei meu irmão na espiritualidade, e conversamos bastante; esse encontro foi logo após meu desencarne. João Augusto realmente fora para a guerra contra sua vontade e revelou que até pensou em não ir e fugir. Mas, se fizesse isso iria envergonhar nossa família, então optou por obedecer nosso pai. Realmente ele não deu nenhum tiro. Assim que chegou ao campo de batalha, pediu para trabalhar na enfermaria e se tornou um bom enfermeiro. Foi ferido quando socorria um amigo machucado e dois dias depois veio a desencarnar. Foi socorrido de imediato e, aceitando a mudança de plano, logo estava bem.

"Quando nosso pai teve o corpo físico morto, ele fez de tudo para socorrê-lo. Nosso genitor foi mesmo bondoso e justo, só que era apegado a nós e aos bens que julgava possuir; ficou anos rondando pela fazenda até que, cansado, resolveu ir com meu irmão para uma colônia. Mamãe os via, tinha sensibilidade.

"João Augusto me disse que não é fácil estar desencarnado e ver os entes queridos sofrerem. Falou-me do seu imenso amor por Anelize e que ela foi a única, quando encarnada, a atender seus apelos de desencarnado. Essa moça viveu fazendo o bem e eles se reencontraram no plano espiritual, quando ela desencarnou. Planejaram juntos uma nova encarnação e, para ter certeza de que iriam se reencontrar, optaram por voltar ao físico na mesma cidade e em famílias amigas. Esse fato só foi possível porque ambos, João Augusto e Anelize, mereceram, fizeram jus a isso. E meu irmão tinha um propósito: encarnado ia vivenciar o Evangelho, e está conseguindo.

"É um ser especial esse espírito que tive o prazer de ter como irmão em uma de nossas encarnações, fortalecendo esse laços espirituais para sempre. Ontem fui visitá-los; ele não me vê, mas me sente e alegra-se com minha presença. Está casado com Anelize e são felizes. Claro que eles têm outros nomes, isso porque as denominações são passageiras e já tivemos muitas, e certamente teremos outras mais.

"Ao pensar nele, nesse espírito amigo, emociono-me e concluo que afetos não se separam, e que, uma vez amigos, sempre amigos."

Estávamos atentos e, percebendo que Luís terminara de falar, Helena pediu:

– Olívia, por favor, continue a nos contar a história da sua última existência no corpo físico.

– Não é estranho dizer história? Mas como podemos chamar o resumo dos acontecimentos em que nos envolvemos? – indagou Olívia sorrindo.

Olívia encostou-se no tronco da árvore e continuou a narrar:

– É com prazer que conto a vocês, meus amigos, esta minha vivência. Cresci e quando adolescente fiquei trabalhando na casa sede, tentei ser uma boa empregada. Foi uma vez em que você, Luís, viajou com seu pai, ficou uma semana fora, que senti muito sua falta, e compreendi que o amava. Meu amor era platônico, puro e desinteressado. Sabia que não me amava, que me queria bem só como amiga e me satisfiz com isso. Quando seu pai desencarnou, tentei ajudá-lo mais ainda e fiquei contente por você confiar em mim, pedindo-me conselhos. Eu o auxiliei da melhor forma que consegui, tomei conta do seu lar e de dona Eugênia, que ficou muito doente. Entristeci-me quando o vi apaixonado por Helena, senti seu sofrimento e continuei ao seu lado.

– Nunca percebi seu amor. Não sei o que dizer. Devo me desculpar? – Luís indagou encabulado.

– Não, Luís, você não tem por que me pedir desculpas – respondeu Olívia com delicadeza. – Sabia que sentia amizade por mim e nunca fez nada para alimentar meu amor. Esse sentimento não me fez sofrer, sentia-me feliz em estar por perto, ajudando-o. Por isso, quando o padre Romeu fez aquela exigência, tentei resolver o problema.

– Foi muito triste para mim fazer isso. Mas o padre Romeu me chantageava, dizia que ia contar a todos o que havia acontecido com Helena e seu pai. Não queria que ela sofresse mais e cedia. Desculpe-me a intromissão, Olívia, continue, por favor.

– Quando vocês se casaram – voltou Olívia a falar – resolvi aceitar namorar Antônio, que me amava havia muito tempo, desde que era adolescente. Casamo-nos e você reformou uma casinha para morarmos, continuei trabalhando no seu lar. Cuidava de dona Eugênia, que estava cada vez mais perturbada; ela via os desencarnados, conversava com eles e agia como se Cecília estivesse ali; gostava das cartas dela, as que você inventava. Tive meus filhos, minha sogra morava conosco e cuidava deles para mim. Auxiliei como pude naquela tragédia que aconteceu com você, Helena.

"Quando veio Carolina, aos poucos ela me colocou no meu lugar, de empregada. Você, Luís, fechou seu antigo quarto e foi dormir na parte nova, a da frente da estrada, com Carolina, que contratou uma senhora, uma enfermeira para fazer companhia para sua mãe e admitiu novas pessoas para trabalhar na casa sede. Ela me chantageou dizendo: 'Olívia, sei que ama meu marido! Não tente desmentir! Saia desta casa por livre vontade, senão conto ao meu marido, a todos!'. Disse isso e mais algumas ofensas. Chorei sentida, pois Carolina descobrira meu segredo.

"Pedi para ser demitida, você protestou. Tive medo de que sua esposa cumprisse a ameaça, não queria que ninguém mais soubesse dos meus sentimentos, os quais guardara tão bem. Roguei: 'Será bom para mim senhor Luís, estou grávida novamente, é melhor ficar em meu lar'.

"'Já lhe pedi, Olívia, que não me chame de senhor' – falou você, Luís. – Estou sentido por não querer trabalhar mais aqui; sem sua presença, essa casa não será a mesma. Mas não vou insistir. Se acha realmente que é melhor para seus filhos, faça como quiser.

"Carolina havia me ordenado que o chamasse de senhor e eu ficava confusa sem saber como chamá-lo. Achei mesmo que era melhor me afastar dali. Carolina pagou-me o que era devido e fiquei trabalhando só em casa. Tive sete filhos, e você, meu amigo, sempre me ajudou, mandava todo mês alimentos para nossa residência. Foi bom ter-me afastado de você, aprendi a querê-lo como amigo e a amar Antônio."

Olívia fez uma pequena pausa, suspirou e continuou a falar:

– Sou grata a você, Luís, auxiliou-nos muito; fez com que meus filhos estudassem, todos os sete foram à escola. Não tive problemas com eles, foram boas pessoas.

"Quando você ficou sozinho novamente, chamou a mim e a Antônio para morarmos na casa sede; fomos, deixamos nossa casinha para um dos meus filhos. Ainda tínhamos dois solteiros que foram conosco e que logo depois se casaram. E ficamos com você, envelhecemos juntos, foi um período agradável, de muita compreensão, que fortaleceu nossa amizade. Antônio desencarnou, depois foi minha vez e você veio ter conosco na espiritualidade oito meses depois. Luís, você foi muito bom conosco!"

– E Antônio, onde e como está? – quis saber Helena.

– No momento, está reencarnado, realizou seu sonho que era estudar; exerce a advocacia com respeito e honestidade. Está casado e vive bem com a esposa e os filhos.

– Casado? E você Olívia não tem ciúmes? – indagou Helena.

– Claro que não! Antônio e eu tivemos uma vida em comum como esposos, tranqüila, e aprendemos a nos querer bem, tornamo-nos amigos. Quando queremos bem ao outro, desejamos que ele seja feliz, perto ou longe de nós. Antônio merece um lar estruturado, porque sempre deu valor à família.

– Você, Olívia, foi a pessoa que mais me ajudou nessa existência! – falou Luís.

– Como é bom recordar benefícios recebidos! – exclamou Helena. – Vocês dois guardam lembranças de coisas boas que fizeram um ao outro.

– Ora, nem sempre foi assim – falou Olívia sorridente. – Luís estava sempre me assustando ou puxando minhas tranças. Lembro-me de um dia em que ele me jogou uma fruta podre e me sujou inteira.

– Levei um susto! Acertei a fruta em sua testa, pensei que a tivesse ferido e que escorria sangue. E você, Olívia, desforrou: no domingo seguinte, não queria ir à missa e você me acordou dizendo que a casa estava pegando fogo. Levantei-me assustado, fui para a sala de pijama e ainda levei uma bronca do meu pai.

– Mas não falou que fora eu que havia mentido – disse Olívia.

– Vocês foram generosos comigo e não me lembro de ter feito nada de bom a nenhum dos dois – lamentou Helena.

Não querendo entristecê-la, Luís mudou de assunto e perguntou para Olívia:

– Você sabe o que aconteceu com o padre Romeu?

– Infelizmente, Romeu não exerceu como deveria seu sacerdócio – respondeu Olívia. – Teve seus méritos, incentivou muitos a fazer a caridade, ensinou a população da região a rezar, a ler a Bíblia. Mas abusou do poder que lhe foi concedido temporariamente enquanto foi pároco. Exerceu sua função por quarenta e cinco anos. Não conseguiu ser casto nem de corpo nem de mente, teve muitas amantes. E para conseguir esses encontros amorosos, usou de desonestidade, até de algumas chantagens. Sofreu por tudo isso, ainda encarnado, ficou doente no leito por três anos, sentindo muitas dores. Ao seu lado, ficaram desencarnados que se sentiram prejudicados, culpando-o por estarem sofrendo.

"A desencarnação de Romeu foi muito triste, seu espírito ficou apegado ao corpo físico e foi enterrado com ele. Dentro do caixão, ele gritava apavorado e angustiado; foi quando começou a compreender que havia errado e a sentir remorso.

"Aqueles que o acusavam, desligaram-no do corpo morto e o arrastaram para o umbral gritando: 'Você é a causa dos nossos sofrimentos! Deu-nos a absolvição! Prometeu-nos o céu!'. 'Por sua causa deixamos de acreditar na religião. Tornamo-nos ateus pelos seus atos!'.

"Romeu padeceu muito; os que o acusavam foram aos poucos sendo socorridos, seguindo seus caminhos. Ele ficou sozinho com seu remorso e angústia e sofreu por muitos anos.

"Por fim, foi socorrido. Fui visitá-lo tempos depois; estava abrigado e recebendo orientação num posto de socorro. Compadeci-me ao vê-lo, modificara-se muito, abracei-o comovida e ele chorou nos meus braços, pedindo com sinceridade: 'Perdoe-me!'.

"'Por que me pede perdão?' – indaguei.

"'Agi errado com todos os que conheci. Olívia, você sofreu por minha causa?'

"'Não' – respondi. – 'Não sofri, tive uma existência no corpo tranqüila e quando desencarnei fui socorrida de imediato e levada a uma colônia; lá recebi auxílio e amor. Não tive o rótulo de religiosa, não segui religião nenhuma, mas tentei vivenciar os ensinamentos de Jesus. Levei a sério o que o Mestre Nazareno disse: Faça aos outros, que queres que lhe faça, tentei fazer o bem'.

"'Não foi religiosa por minha causa?' – perguntou ele.

"'Infelizmente sim, pois não consegui entender que era você que agia errado'.

"'Olívia' – falou ele –, 'sei quase de cor o Evangelho, o Novo Testamento, como também estudei as passagens do Antigo. Posso dizer que sei a Bíblia toda; agora tenho de vivenciar seus ensinamentos. Tenho pensado muito no que Jesus falou aos chefes espirituais de seu tempo, aos escribas e fariseus, ou seja, a todos os que se denominam líderes religiosos e não o são. Chamou-os de sepulcros caiados, guias de cegos conduzindo outros cegos, por orarem nas praças para serem vistos por outros. E disse mais: Roubastes a chave do conhecimento do reino de Deus, não entrastes e não permitiram que outros o fizessem[1]'."

Olívia fez uma pequena pausa e após continuou:

– Romeu olhou-me tristemente, abracei o novamente confortando-o, e ele continuou a falar:

"'Senti-me amaldiçoado como a figueira! Conduzi meus paroquianos por caminhos errados e muitos me cobraram por isso!'

---

1. As citações de Jesus não estão transcritas como estão no Evangelho, por isso não mencionamos as passagens (N.A.E.).

"'Não podemos colocar a culpa de nossos atos imprudentes nos outros' – opinei.

"'Você tem razão, mas isso não justifica meus erros. Acho que não existe crime maior do que querer ser guia espiritual sem sentir Deus dentro de si. Agi por ambição, para ter prestígio, cobicei dinheiro e fui orgulhoso. Fiz rituais externos e nem tentei ser caridoso. Agi como um ladrão que rouba a chave do conhecimento; não me salvei e levei muitos ao sofrimento. Fui um iludido que iludiu. Prometi o céu, um paraíso que não existe. Cego, caí e levei comigo muitas pessoas. Ainda bem que ainda existem bons religiosos!'"

– Meditei muito sobre o que Romeu disse – continuou Olívia a falar. – Minha família, eu e você, Luís, não fomos religiosos por saber das ações negativas do nosso pároco, mas não deixamos de ser cristãos. Reuníamo-nos todos os domingos para orar, ler o Evangelho. Fizemos o bem, fomos caridosos, tentamos ser bons. Mas, infelizmente, muitas pessoas que estavam encarnadas naquela época e que o conheceram, preferiram seguir os exemplos dele. Escutei muitos justificando seus atos dizendo: "Se o padre faz, por que eu não posso?". "Confessei e dei dinheiro para a igreja, tenho um lugar garantido no céu." E foram muitos os imprudentes que caíram com ele e que não o perdoaram. Porque é realmente mais fácil colocar a culpa nos outros do que reconhecer nossos erros.

Olívia calou-se; estávamos atentos, olhando-a; Luís virou-se para mim e pediu:

– Antônio Carlos, dê-nos, por favor, sua opinião sobre esse assunto.

– Só ilumina quem é iluminado – falei completando o raciocínio de Olívia. – Somente pode doar quem possui em si a vivência do bem. Só guia os outros quem se sente guiado por Deus. Todas as seitas e religiões mostram o caminho, mas somos nós que devemos percorrer passo a passo nossa jornada. E quem não caminha pára e não progride, porque ninguém pode ser bom em nosso lugar nem ser nosso procurador perante Deus.

– E, depois, como ficou Romeu? – perguntou Helena olhando para a amiga.

– Reencarnou como escravo; numa veste carnal negra, aprendeu a trabalhar e a obedecer pelas chibatadas e ainda sentiu as perseguições de alguns desencarnados que se regozijavam com seu padecimento. Romeu teve por mãe uma mulher admirável, um espírito bondoso que muito o orientou e ajudou. Desencarnou jovem e foi socorrido de imediato; estudou por alguns anos e reencarnou novamente. Reside atualmente numa cidade aqui perto e, desta vez, tenta acertar, freqüenta o centro espírita onde trabalho. É um moço tristonho, que passa horas a olhar o lago e sente-se angustiado quando vai a certos lugares por aqui[2].

2. Podemos nos sentir assim por muitos motivos. Não devemos pensar que é apenas por erros cometidos no passado (N.A.E.).

– Já dissemos a ele que tristeza não paga dívidas – continuou Olívia –, e que elas são quitadas com o trabalho edificante no bem, com amor.

– Você, Olívia, reencarnou de novo? – perguntou Helena curiosa.

– Não – respondeu ela – estou há tempo no plano espiritual e só reencarnarei quando concluir um trabalho planejado, do qual participo com outros companheiros neste grupo espírita de que já lhes falei.

– Olívia, você trabalha com os espíritas e isso deve ser muito proveitoso. O que acha dessa doutrina? – indagou Helena.

Os olhos de Olívia brilharam ao falar da Doutrina Espírita, que tanto amava, e ela respondeu sorrindo:

– Como escreveu Allan Kardec, nosso codificador, no *Pequeno Manual do Orientador Espírita*, "A crença no Espiritismo ajuda o homem a se melhorar ao se fixar as idéias sobre determinados pontos do futuro, ela apressa o adiantamento dos indivíduos e das massas porque permite considerarmos o que seremos um dia: é, pois, um ponto de apoio, uma luz que nos guia".

Ficamos por momentos em silêncio meditando sobre o que Olívia nos disse. Ela voltou a falar:

– Ontem ocorreu um fato interessante conosco e... Desculpem-me! Estou falando muito.

– Fale! – pedimos nós três ao mesmo tempo.

Rimos alegres; é tão prazeroso estar com amigos. Que tesouro precioso é o sentimento da amizade.

– É sempre tão agradável tê-la perto de nós e escutá-la! Por favor, nós lhe pedimos que narre esse fato – pediu Helena.

E, nossa amiga contou:

– O centro espírita no qual trabalho auxiliando os tarefeiros encarnados está fazendo aniversário! Completa nesta semana dezoito anos. Esses trabalhadores montaram na recepção um painel, e o dirigente pediu a todos os freqüentadores que trouxessem fotos, recortes de jornais, qualquer informação sobre a casa espírita para serem colocados lá. Muitos trouxeram, e, com o que a diretoria tinha guardado, o painel ficou muito lindo. Nesses anos todos, foram muitos os acontecimentos importantes dignos de serem registrados. Reunimo-nos, os encarnados e nós do plano espiritual, para ver e recordar. Ouvi os seguintes comentários dos companheiros encarnados:

"'Olhem esta foto! Havia me esquecido desse dia! Choveu tanto na hora da palestra!'

"'Dona Solange! Que saudades! Faz tempo que ela foi morar no plano espiritual!'

"'Observem que dona Maira está em quase todas as fotos!' – falou um jovem.

"Todos observaram. Dona Maira é uma das mais entusiasmadas trabalhadoras de nossa casa, do nosso centro espírita. Ela ficou constrangida ao ver que realmente era verdadeiro o comentário do jovem. Uma senhora comentou:

"'Vejam como Maira está em todas!'

"'Isso que é querer aparecer!' – expressou-se imprudentemente um senhor.

"Nosso dirigente encarnado, que é um senhor muito coerente e educado, opinou esclarecendo:

"'O Sol nasce todos os dias e ninguém fala que ele é exibido. Nosso astro rei não se importa com as críticas dos que não gostam da luz. Faz simplesmente o que lhe compete. Pergunto a vocês, meus amigos: Onde estavam que não apareceram nas fotos? Lembro-me bem desta aqui: foi quando inauguramos o centro. O pintor tinha nos prometido entregar o local pronto e limpo, dois dias antes da inauguração. Acabou a pintura na véspera e deixou tudo sujo. Ficamos preocupados, pois havíamos convidado muitas pessoas. Passamos a noite limpando, e dona Maira até feriu a mão na limpeza, e aqui estava toda sorridente. Observem que ela escondeu a mão ferida'.

"'Nesta outra foto' – continuou o dirigente apontando uma outra no painel –, 'nosso aniversário de oito anos. Recebemos convidados, quatro pessoas da cidade vizinha e dona Maira os hospedou e organizou todo o encontro. Nesta aqui, ela estava doente, mas mesmo assim veio. E assim, amigos, posso dizer a vocês que existe uma foto de cada acontecimento. Não é que ela foi exibida ao aparecer, vocês é que não estavam presentes! É difícil esconder os dedos da mão que faz, age e trabalha! Quando o trabalho aparece é difícil o trabalhador ficar oculto'."

Deliciamo-nos, com a bonita lição que carinhosamente nossa amiga nos deu.

– Vou deixá-los agora – disse Olívia. – Tenho de ir e não devo mais interrompê-los. Com certeza, a conversa que estão tendo recordando o passado lhes será de muita importância. Foi um enorme prazer conhecê-lo, Antônio Carlos, espero que nos encontremos outras vezes.

Olívia despediu-se, abraçando-nos. Ficamos olhando-a, e com delicadeza ela volitou devagar sobre as águas tranqüilas do lago. Acenou para nós e desapareceu.

quinto capítulo

A Tragédia

Ficamos quietos por alguns instantes. Senti-me constrangido, pois nossos amigos narravam acontecimentos íntimos, preciosos para eles, pensei até em pedir licença e me retirar. Luís, percebendo minha intenção, rogou carinhosamente:

– Não vá embora, amigo. Se Helena e eu o convidamos, foi porque o achamos digno de nos escutar e, talvez, escrever nossa história. Mas se não o estiver interessando, nós o liberamos.

– Fico e agradeço-lhes pelo carinho e por me pedir para ouvi-los.

Acomodei-me novamente e esperei que iniciassem a narrativa.

– Luís, termine de contar suas lembranças. Vivemos a mesma história; temos, porém visão diferente dos acontecimentos. Eu desconhecia o que padre Romeu lhe pediu em troca de sua ajuda, de afastar meu pai de nós. E, lembro-me de que antes do nosso casamento fui à sua casa.

– É verdade, recordo-me: você e sua mãe vieram nos visitar e minha genitora foi até educada, mostrando-lhes a casa. Lembro-me de que você olhou tudo quieta, achei que era por ser tímida. Mamãe, após terem ido embora, comentou: "Pobre moça, tem dois demônios seguindo-a. Não será bom trazê-la para cá, eles virão junto. Não quero que você, Luís, case-se com ela!"

"Quando mamãe saiu da sala, comentei com Olívia: 'Minha mãe está cada vez pior!'.

"'Luís, Helena me pareceu muito apática e indiferente. Você tem certeza de que ela lhe quer bem? Vai casar por livre vontade?' – perguntou Olívia, preocupada.

"Demorei alguns instantes para responder. Concluí que eu queria casar e isso era o bastante. Esperava nosso casamento com ansiedade e amando-a cada vez mais. Se ainda não a tinha conquistado, com certeza a conquistaria depois.

"'Ela me amará como eu a amo! É questão de tempo, quando ela ficar mais ao meu lado, irá me querer como a quero' – respondi.

"'Dona Eugênia não gostou muito dela. É melhor não deixá-las muito juntas' – aconselhou Olívia.

"'Você tem razão. Vou ficar na parte velha da casa, após o casamento, e fazer do meu quarto nosso dormitório'.

"Embora não acreditasse que padre Romeu fizesse algo em nome de Deus, não havia outro sacerdote para nos casar e tive de me conformar em aceitar que ele realizasse a cerimônia. Paguei pela liturgia e dei como era de costume, esmolas para a igreja. Nosso enlace foi simples, não fizemos festas, dando a desculpa que minha mãe estava doente e seu pai viajando.

"Você, Helena, estava linda, mas quase não me olhava. Fomos para casa e sua mãe levou suas roupas. Tivemos um jantar delicioso. À noite, levei-a para nosso quarto. Você tremia, percebi que estava apavorada. Fiquei comovido, deveria ter sido um grande trauma por ter sido estuprada por seu próprio pai e era compreensível que tivesse medo de homens. Senti, naquele momento, ódio de Jovino. Fui carinhoso, quis que entendesse que era diferente e que queria sua felicidade. Falei amoroso: 'Não fique com medo de mim, Helena! Vou esperar que se acostume com a sua nova maneira de viver. Você dorme na cama, vou colocar um colchão no chão para mim'.

"Você se deitou com a roupa que estava; cobriu-se com o lençol, suas mãos apertavam o tecido. 'Obrigada!' – disse com voz baixa.

"Não foi sacrifício nenhum fazer isso, queria conquistá-la, estava feliz só por tê-la perto de mim. Ficava, sempre que podia, em casa e conversando com você, que foi se tornando mais sociável, respondendo com frases e contando algo que acontecera em sua infância; falava de suas irmãs, mas nunca de sua mãe ou de seu pai. Passeava comigo de tarde na margem do lago. Gostávamos de ver o pôr-do-sol e o reflexo das cores na água.

"Mamãe ficava só na parte nova da casa e falava sempre para mim: 'Essa moça tem demônios seguindo-a!'

"Foi com tristeza que concluí que minha esposa, como minha mãe, não eram normais. Às vezes, você agia com naturalidade, ia à cozinha e preparava uma comida diferente, conversava e se alimentava direito. Horas depois, tornava-se estranha, notávamos pavor em seus olhos, falava coisas esquisitas, às vezes não entendíamos o que dizia. Ou então, ficava calada, sentada ou deitada, alheia a tudo e com os olhos abertos, parecia não ouvir ninguém. Temi pelo nosso casamento, preocupava-me e não sabia o que fazer nem como lidar com a situação.

"Olívia casou-se e continuou governando minha casa, já que você era como uma visita. Aconselhava-me com ela:

"'Por favor, Olívia, oriente-me!'

"'Se pudéssemos confiar no padre Romeu, pediríamos uma benção para as duas. Parece que realmente elas vêem fantasmas, almas dos mortos! Não sei, Luís, o que podemos fazer'.

"Foi depois de meses que fui dormir na cama com você, Helena, e depois de outros tantos que consegui ser seu esposo.

"Um dia, você me pediu: 'Luís, queria fazer desse pedaço do jardim, a parte que dá de frente para o lago, um roseiral. Posso?'.

"Não só concordei, como mandei buscar mudas na cidade. Era a primeira vez que me pedia algo. E você passou a cultivar o jardim. Passava horas mexendo na terra, admirando as plantas que cresciam bonitas com seus cuidados. Logo o jardim estava florido e ficou lindo. Havia roseiras de muitas espécies, que diversificavam em cores e tamanhos. Você ficava muito tempo ali, observando as plantas, e sabia até quantos botões e rosas havia.

"Mamãe continuava na mesma, quase não ia à parte velha da casa, tinha medo dos demônios, falava que estavam por ali. Agia como se conversasse com João Augusto e, quando isso acontecia, ficava mais tranqüila. Às vezes, parecia que via meu pai, xingava-o, acusava-o e se exaltava. E o tempo todo conversava como se Cecília estivesse presente. Eu continuava a inventar as cartas e as lia muitas vezes. Achava estranho, mamãe conversar com Cecília como se ela estivesse conosco, e gostar que eu lesse suas cartas.

"Já estávamos casados havia dois anos, e a situação era a mesma; eu trabalhava demais e a fazenda prosperava. Não saíamos de casa e quase não recebíamos visitas, havia me afastado de meus amigos. Sua mãe e suas irmãs raramente vinham nos visitar. E eu cuidava delas e das plantações do pequeno pedaço de terra de vocês.

"Um dia, Olívia alertou-me: 'Luís, acho que Helena está grávida! Tem enjoado de manhã e já a vi vomitar. Ontem comeu goiaba e tomou café junto'.

"Alegrei-me e fui correndo conversar com você, que estava no jardim.

"'Helena, meu amor, você está grávida?'

"'Estou e não quero! Não queria engravidar!'

"Chorou muito abraçada a mim. Fiquei felicíssimo, achei que era só um medo bobo, agradei-a de muitos modos, com presentes, atenção e carinho. Dias se passaram e você se tornou mais triste ainda. Uma noite me pediu: 'Luís, não quero ter essa filha! Quero abortar! Do outro lado do lago, mora uma senhora que faz chás abortivos. Mamãe já nos deu, para mim e para minha irmã. Já o tomei por duas vezes. Quero tomá-lo de novo! Não quero ter essa filha!'.

"Estremeci ao ouvir aquilo, fiquei chocado. Fui criado dentro do conceito de que gravidez era uma bênção e que aborto era um assassinato. Não conhecia essa senhora, mas já ouvira falar dela, morava do outro lado do lago e para ir à sua casa seguia-se uma trilha por dentro da mata. Era conhecida como aborteira, ou mata-criança, mas fazia também outros chás, que diziam ser remédios; para muitas pessoas, ela era uma feiticeira.

"Respondi com firmeza: 'Nunca! Agora é diferente, está casada! Quero filhos!'.

"'Mas essa filha é má!'

"'Não fale assim! É um nenezinho! E você nem sabe se é uma menina!'

"Fiquei muito triste e preocupado; a situação na nossa casa piorou. Mamãe tinha medo, pavor, e ao vê-la, falava: 'Um dos demônios sumiu, o outro está mais furioso!'.

"Achei que você precisava se distrair, quis levá-la à casa de sua mãe, mas não quis ir. Assustei-me com o que me disse: 'Não quero ir, tenho vergonha de mostrar aos outros minha gravidez. Tenho um monstro do mal na minha barriga!'.

"Sua mãe veio nos visitar com suas irmãs e nos comunicou: 'Vendi a propriedade para um dos nossos vizinhos e vamos partir. Tenho um irmão que reside numa cidade grande e resolvemos morar perto dele. Você nos entende não é, Luís? Necessitamos recomeçar nossas vidas, e longe daqui. Lá seremos felizes e tenho certeza de que Helena ficará bem aqui no seu lar'.

"Você não disse nada, ouviu quieta e de cabeça baixa. Uma de suas irmãs a fez sair da sala, compreendi que sua mãe queria ficar a sós comigo.

"'Luís, tenha paciência com Helena e cuide bem dela' – pediu.

"'Sua filha não está bem, não sei o que fazer. Não quer ter o filho, tem estado estranha'.

"'Você não percebeu que Helena sempre foi estranha? Desde pequena ela fala com os que já morreram'.

"'Bobagem! Ninguém fala com os mortos!' – expressei-me nervoso.

"'Não posso obrigá-lo a acreditar' – disse sua mãe. – 'Espero que tudo passe e que minha filha fique boa!'

"'A senhora não irá se preocupar com Helena?' – indaguei.

"'Ela estará melhor com você do que comigo. Minha filha o ama muito. Depois, está casada e tem de ficar com o marido. Tenho as outras três filhas que necessitam de mim. Aqui tivemos uma vida difícil, e é melhor para todas nós mudarmos e tentarmos ser felizes'.

"Quando saíram, você chorou. Consolei-a.

"Soube pelo meu tio que um pintor famoso e muito talentoso estava na cidade; contratei-o para que pintasse nossos retratos. Você hesitou, mas como insisti, concordou e posou no seu jardim. O artista sugeriu que colhesse umas rosas e pusesse no seu colo, mas você não quis. Ele trabalhou rápido. Em poucos dias fez os quadros, os quais achei lindos. Comprei molduras caras e os coloquei na sala de estar, na parte velha da casa. Todos acharam que meu retrato ficou idêntico a mim. O seu, Helena, ficou lindo, porém o artista retratou sua expressão de angústia, o temor de seu olhar.

"Olívia e Antônio davam-se bem, ele estava sempre em casa. Convidei-o para que tomasse as refeições conosco. Dessa forma ela não se ausentaria do nosso lar. Era a única que acalmava mamãe, entendia você e administrava tudo.

"Chegou o dia em que sua mãe e irmãs iam partir. Vieram se despedir e você ficou indiferente; abraçou-as como se fosse vê-las no outro dia. Sua genitora foi embora chorando. Depois que saíram, você foi se sentar num banco do jardim, em frente às suas rosas, acompanhei-a.

"'Sabe Luís, converso com as flores, falo e acho que elas me escutam, mas é claro que não respondem. As flores gostam de ouvir, de carinho. Acompanho-as desde o nascimento dos botões; parecem crianças, depois adolescentes e, quando abertas, são adultas e, como nós, envelhecem. É triste ver uma rosa murchar, envelhecer. É por isso que não gosto de colhê-las. Não é a mesma coisa admirá-las em vasos; gostoso é vê-las nas roseiras, no jardim'.

"'Helena, as rosas assim como nós, fazem o ciclo da vida, nascem, crescem e envelhecem. Você ama os botões, são como bebês'.

"'Só que eles não precisam de cuidados, são o que são. As rosas, meu marido, não querem ser melhores nem piores do que são nem mais que as outras' – respondeu você.

"'Se não gosta de colhê-las, se estamos comparando-as a nós humanos, deve entender que não devemos privar nenhuma de nascer' – falei.

"'Entendo, só que este ser que aqui está' – falou você passando a mão na barriga –, 'não merece viver, não é uma flor, é uma erva má, que sufoca todos à sua volta. Luís, por favor, eu lhe peço, deixe que eu aborte! Por Deus!'

"'Como pode colocar Deus num pedido desses? Não e não!' – falei exaltado.

"Levantei-me e a deixei sozinha. Estava ficando agoniado; além de mamãe estar cada vez pior, você estava confusa e talvez doente; não sabia lidar com o que estava acontecendo. Tinha também a fazenda para administrar e problemas com os empregados, sempre resolvia as dificuldades que eles tinham.

"Tive medo de que fugisse e fosse escondida à casa da mulher aborteira. Assim, tranquei os barcos e as canoas. Olívia mais uma vez encontrou a solução.

"'Luís, tem uma mocinha na fazenda, a Maria, que é bondosa e muito alegre. Vamos contratá-la para fazer companhia à sua esposa, ela a vigiará. Também acho que devemos chamar algumas parteiras da região. Já ouvi muitos casos de gestantes ficarem estranhas, implicando com algumas pessoas, e, como Helena também está vomitando muito, acho que elas, com a experiência que têm, saberão nos orientar'.

"Fizemos isso, as parteiras, senhoras generosas que auxiliavam as grávidas da região, recomendaram chá calmante e dieta alimentar, que foram feitos e, de fato, você melhorou e parou de vomitar. Maria veio trabalhar conosco; era uma adolescente alegre que cantava muito, tinha uma voz bonita. Você gostou dela e não falou mais em abortar. Parecia estar tudo sob controle e que eu poderia ficar mais tranqüilo; porém, continuei preocupado, apreensivo sem saber explicar o porquê.

"Você ia muito ao jardim, cuidava das rosas, sentava-se no banco, sempre com Maria ao seu lado. Estava magra, abatida e seu olhar era inquieto, havia medo neles. Não sabia mais o que fazer para agradá-la, para alegrá-la.

Sua barriga começou a aparecer e ninguém podia comentar, que ficava nervosa, agitava-se mais ainda.

"Padre Romeu veio para mais um de seus encontros e mamãe pediu para que ele benzesse a casa e expulsasse o demônio que a rodeava. Para não contrariá-la, concordei. Depois de uma noite na Casa do Alto, onde teve seu encontro, padre Romeu foi benzer a casa. Mamãe o acompanhou com o terço numa das mãos e água benta na outra. Olívia e eu fizemos nossas orações.

"Quando o padre foi ao nosso quarto vê-la, você o olhou de tal forma que nos deu medo. Ele saiu rapidamente de lá. Depois ficou conversando com mamãe, convencendo-a de que não havia espíritos em nosso lar.

"Olívia ficou grávida, ela e Antônio ficaram muito contentes.

"Eu não sabia explicar o porquê de estar tão apreensivo, inquieto. Olívia tentou me tranqüilizar:

"'Está tudo sob controle, Luís. A doença de sua mãe está estável e como dona Eugênia gosta de ficar na parte nova da casa, quase não encontra sua esposa, que só fica na ala velha e muito no jardim. Maria é uma boa dama de companhia, a menina canta bem e Helena gosta de escutá-la. Quando o nenê nascer, ela irá ser boa mãe e tudo isso será só uma má recordação. Tenha paciência, só faltam dois meses para a criança nascer'.

"Mas não fiquei tranqüilo, ficava o máximo que podia em casa e com você. Naquele fatídico dia, você ficou muito tempo no jardim, até almoçou sentada no seu banco. À tarde, foi para o quarto, pediu para Maria lhe preparar o banho; sua dama de companhia foi esquentar a água e, quando voltou ao quarto, gritou desesperada. Ao escutar os gritos dela, senti que ia desfalecer, meu peito doeu; corri para o quarto com as pernas tão bambas que não queriam me obedecer. Olívia veio atrás.

"Encontramos Maria gritando histérica e você caída de bruços, rodeada de sangue. O quarto estava todo molhado; Maria havia derrubado a água, que havia se misturado ao sangue. Acho que parei por um segundo, mas me pareceram horas de indecisão. Abaixei, ajoelhei ao seu lado e virei seu corpo. Embora desesperado, tentei raciocinar e socorrê-la, mas agi como um autômato. Você se suicidara. Caiu segurando uma faca grande que usava no seu trabalho no jardim. O instrumento cortante perfurou seu pescoço. Passei a mão pelo seu nariz, não respirava, sabia que não teria como seu corpo físico ter vida. O ferimento fora profundo e o sangue jorrava abundantemente. Tirei a faca do seu corpo com cuidado. Você estava morta! Com os gritos de Maria, outros empregados vieram e retiraram a mocinha que estava em estado de choque. Fez-se um silêncio em que só se escutava minha respiração descompassada. Continuei ajoelhado, olhando sem acreditar no que via. Olívia ajoelhou-se ao meu lado e segurou minha mão, mas nada falou, não precisava, seu gesto me deu forças. Ficamos algum tempo ali, sem saber o que fazer. Antônio, o marido de

Olívia, levantou-nos, tirou-nos do quarto e deu ordem aos outros empregados:

"'Amélia, vá ficar com dona Eugênia, não a deixe vir aqui. José, vá chamar as mulheres que cuidam dos defuntos e depois passe na igreja e chame o padre'.

"Não falei nada, não conseguia, fiquei parado olhando os empregados aflitos indo e vindo. Parecia que estava vendo cenas das quais não participava. Foi Antônio quem nos conduziu à cozinha e nos fez tomar, Olívia e eu, um chá calmante. A casa em minutos encheu-se de gente. As mulheres vieram e foram para o quarto. Encontraram um bilhete seu e o trouxeram para mim. Peguei, olhei por segundos e depois li o que você escrevera:

"'Luís, perdoe-me. Não posso ter essa filha! Sua mãe tem razão, o demônio me persegue e não quero estragar sua vida. Amo você. Helena!'

"Li e reli, amassei o papel, dei um grito alto e rouco; chutei algumas cadeiras, dei murros na parede, joguei com raiva o papel no fogo do fogão, depois sentei-me num canto da cozinha e chorei. Alguns empregados que ali estavam ficaram me olhando tristes, comovidos... era a expressão da dor. Olívia aproximou-se de mim, abraçou-me e pediu:

"'Calma, Luís, por favor, não sofra assim! Venha se lavar!'

"Estava sujo de sangue da cabeça aos pés, por ter sujado as mãos e as levado à cabeça em desespero. Não queria me banhar, pensei em ficar com seu sangue nas minhas mãos para sempre. Olívia implorou novamente, resolvi atendê-la, e Antônio conduziu-me ao banheiro e ajudou-me a tomar banho.

"Os empregados cuidaram de tudo, as mulheres trocaram você, enfaixaram seu pescoço, colocaram-na no caixão e a deixaram na sala, na parte velha da casa. Enfeitaram-na com as rosas do seu jardim. Fui vê-la, parecia uma boneca de cera, branca, e para mim, ainda continuava bonita.

"Senti tamanha dor que achei que ia arrebentar, nunca senti dor maior. Saí daquele estranho torpor e dei ordens que só a mim cabiam. Mandei avisar sua mãe e irmãs, embora soubesse que não daria tempo de elas virem. Pedi para Antônio marcar com o padre o horário do enterro e também que fosse ao cemitério pedir que abrissem o túmulo da minha família.

"Já escurecia. Olívia organizou tudo para receber as pessoas, amigos e parentes para o velório. Era tarde da noite quando Antônio voltou, ficou perto de mim, não sabia como me dizer a desagradável notícia, até que falou:

"'Senhor Luís, o padre disse que não pode benzer corpo de suicida e que ela não pode ser enterrada no cemitério da cidade. Deverá ser sepultada no Cemitério dos Excluídos'.

"Abri a boca, mas não consegui responder. Uma das minhas tias que estava perto de mim, escutou e intercedeu a favor do padre.

"'Luís, meu sobrinho, isso é certo. Todos nós sabemos que quem se suicida não pode passar pela igreja, não deve tomar as bênçãos do padre nem ser enterrado no cemitério da cidade. Você tem de compreender'.

"'Mas Helena estava doente! A gravidez a perturbou!' – argumentei defendendo-a.

"'Isto não justifica!' – opinou minha tia. – 'Sua mãe também está doente e nunca pensou em se matar. É melhor mandar abrir uma cova e enterrá-la com os párias'.

"O Cemitério dos Excluídos ficava no alto de um dos morros da região, um pedaço de terra cercado, onde sepultavam pessoas que foram assassinas, tachadas de feiticeiras e suicidas. Não havia túmulos, só algumas cruzes. Ninguém gostava de passar por lá, pois tinham medo, diziam ser assombrado; falavam que ali se ouviam gemidos, e que nas noites escuras, viam-se vultos.

"Pedi para Antônio ir novamente falar com o padre; ele foi e voltou de madrugada, trazendo padre Romeu, que pediu para conversar comigo em particular. O sacerdote tentou me explicar sua posição de pároco que obedece às leis da igreja. Desafiei-o tentando chantageá-lo, ele respondeu em tom baixo e firme:

"'Você não tem provas e posso desmenti-lo dizendo que está perturbado, louco também. Depois, posso contar a todos o que se passou com ela e o pai. Você não vai querer que isso seja do conhecimento das pessoas, ou vai?'

"'Saía daqui seu padre sujo! Enloda minha casa! Fora!' – gritei.

"Temendo um escândalo, ele se levantou, foi orar perto do caixão, visitou minha mãe, que estava com uma empregada em seu quarto e foi embora.

"Meu tio, na hora do almoço me disse que já havia mandado abrir uma cova no alto do morro e que poderíamos enterrá-la quando quiséssemos. Não quis. Não deixei que a levassem, estava desesperado, não queria seu corpo sepultado entre os párias. Arrependi-me por ter queimado seu bilhete, queria guardar a última coisa que você escrevera, queria tê-lo junto ao meu peito, sua declaração de amor, a única que me fizera. Fiquei ao lado do caixão, só saía arrastado e apoiado em alguém e para ir ao banheiro. Olívia tentou me convencer:

"'Luís, já fez vinte e quatro horas que Helena morreu. Pelo sangue, pelo ferimento, já começa a exalar odor desagradável. Deixe que a enterremos!'

"'É injusto, Olívia! Por que ela não pode receber as bênçãos da igreja? Não acredito em nada que padre Romeu faz' – desabafei sentido. – 'A igreja é a casa de Deus. Gostaria de levá-la e na frente da imagem de Maria, mãe de Jesus, recebesse nossas orações e Nossa Mãe Celeste a abençoasse. Será que a Virgem Maria não se compadeceria de minha Helena? Creio que sim, ela é mais caridosa que essas leis que o padre diz seguir. Não me conformo em enterrá-la no morro sem que tenha túmulo para visitá-la'.

"'Luís, há uma passagem no Evangelho em que Jesus disse a uma samaritana na beira de um poço: Todos os lugares se pode adorar a Deus porque Ele está em nós. Não existe lugar excluído na Terra, já que o Pai criou tudo e todos nós'.

"'Se tristeza matasse' – lastimei – 'iriam sepultar nós dois. Nunca mais serei feliz! Não vou enterrá-la naquele lugar!'

"'É melhor se conformar e levá-la antes que escureça. Se ficar mais uma noite aqui, só eu estarei com você, todos estão indo embora e até os empregados pediram para ir' – falou Olívia.

"'Ela vai ficar mais esta noite comigo' – falei determinado.

"Naquele tempo não tinha como cuidar melhor de um cadáver. Seu corpo carnal já se decompunha, estávamos no verão e fazia muito calor. Fiquei ao lado do caixão a olhá-la. Estava deitada de costa, rodeada de rosas, e essas flores já haviam sido trocadas. Vestia seu melhor vestido, verde e bordado. Sua barriga estava arredondada, alta, meu filho morrera com você. Chorei muito. Lembrei-me de minha avó, ela sempre nos recomendava: 'Chora que a dor passa'. Só que a minha não passava.

"Ao escurecer, todos foram embora, só Olívia ficou comigo. Sentei-me numa cadeira ao lado do caixão, deitei a cabeça em sua barriga e adormeci.

"'Luís' – chamou Olívia –, 'acorde e resolva, não podemos mais ficar com o corpo de Helena em casa. Por favor, decida o que fará'.

"Foi então, que tive uma idéia:

"'Olívia, vou ter sempre Helena perto de mim, não só na lembrança, mas seu corpo também. Eles não a querem no cemitério da cidade, então ela ficará aqui! Vou enterrá-la no jardim, entre as flores, as rosas de que tanto gostava. Colocarei pedras no caixão e deixarei que o levem. Não são caridosos, merecem ser enganados! E minha Helena ficará comigo!'

"'Se quiser, ajudo-o!' – falou Olívia.

"'Aceito sua ajuda e peço-lhe guardar segredo' – roguei.

"'Não falarei para ninguém. Vamos, então, temos de fazer isso agora que não há ninguém aqui; todos estão dormindo, pois estão cansados. Tem de estar tudo pronto ao amanhecer'.

"Fui ao jardim, uma bonita lua cheia clareava a noite e com a janela aberta, a luz da sala deixava o jardim claro. Escolhi o canteiro bem defronte ao banco em que você gostava de se sentar. Peguei suas ferramentas, com cuidado, tirei algumas roseiras e fiz uma cova, um buraco fundo. Olívia me ajudou tirando a terra. Logo acabei. Voltamos à sala, minha amiga pegou no meu quarto um lençol e a enrolamos. Beijei-a pela última vez. Peguei seu corpo com cuidado, coloquei-o no buraco e o cobri de terra. Fiz isso chorando, lágrimas ardentes escorriam pelo meu rosto. Plantamos novamente as roseiras, Olívia colocou no lugar todo o material que usamos, não queríamos que ninguém percebesse. Fui para perto do lago, peguei algumas pedras, não precisei de muitas – todos sabiam que você era magrinha –, e coloquei-as no caixão. Calçamo-las para que não rolassem. Fechei a urna funerária e a lacrei com pregos. Fomos nos limpar, estava exausto e fui dormir. Embora minha amiga também estivesse cansada, ficou na sala e, ao amanhecer, chamou três empregados e foi com eles enterrar o caixão com as pedras. Ela foi junto para certificar-se de que ninguém abriria a urna. Foram de charrete, enterraram e voltaram. E ninguém ficou sabendo."

Luís parou de falar e suspirou fundo. Mesmo ao lembrar dos fatos tantos anos depois, ainda sentia o reflexo da dor daqueles dias.

sexto capítulo

Tentando Esquecer

Olhei para Helena, que chorava baixinho. Luís pegou na mão dela e a beijou com carinho.

– Luís, estou me lembrando de algo que li num livro de autoria de um educador: dizia ele que somos como frutos e não devemos nos desprender da árvore da vida antes do tempo; a morte do corpo físico deve ser espontânea, natural e sem apego; não devemos procurar a morte antes de viver no planeta terrestre o tempo que nos cabe e nos foi traçado; devemos nos carregar de flores na primavera da vida para que os frutos nos sustentem no outono. A morte, que nos muda de planos, não faz por nós o que não fizemos quando encarnados. A vida é contínua e não fugimos das etapas sem as conseqüências. A desencarnação não retoca o espírito, revela apenas o que no físico fizemos. Se fizermos, quando encarnados, uma sementeira do bem, a desencarnação será uma colheita de felicidade. Semeando ações benéficas, farta será nossa messe. Desejei morrer antes de viver, pulei a etapa que por bênção obtive para meu crescimento espiritual. Agora compreendo que não devemos nos preocupar em excesso com a desencarnação e sim viver no bem no envoltório físico. Devemos nos preparar para viver, já que não morremos, estagiamos lá e aqui, no plano físico e na espiritualidade, pois a vida é una. E, estas passagens, de uma etapa para outra, são suaves se aprendermos a ser tranqüilos e se formos bons. E essas nossas mudanças nunca serão desagradáveis, se tivermos o tesouro do amor dentro de nós. Não há desprendimento com dor, o que amadureceu com amor. Saberemos quando o mundo tiver passado para um estágio melhor, quando o número de suicídios diminuir ou quando não houver mais essa imprudência que é matar o próprio envoltório. Aí, então, poderemos dizer que nós, os Terráqueos, estamos vivenciando o Evangelho de Jesus.

Helena suspirou, enxugou o rosto e sorriu. Embora estivesse tranqüila, não estava sendo fácil para ela acompanhar as lembranças de Luís. Lembrou-se da amiga que por pouco tempo tentou alegrar sua vida e pediu:

– Maria era uma menina tão alegre! Cantava tão bem! O que aconteceu com ela?

E Luís nos contou o que sabia:

– Quando tiraram Maria do nosso quarto, ela gritava desesperada, levaram-na para a casa dela. Ficou doente, teve febre nervosa, ficou dias acamada, não quis voltar a trabalhar conosco, Olívia a gratificou bem. Não a vi mais, esqueci-me dela, até que um dia, quando estava na cozinha almoçando – fazia quase sempre minhas refeições com o casal amigo, pois mamãe gostava de alimentar-se em seu quarto e raramente me queria por perto – Antônio falou:

"'Luís, a Maria, aquela que trabalhou aqui por alguns meses, está em dificuldade'.

"Antônio falou isso e encheu a boca de comida. Em casa, todos evitavam falar de você, Helena, parecia que tinham se unido para tentar me ajudar a esquecê-la. Como ele não completara a notícia, indaguei-o:

"'O que aconteceu com Maria?'

"'Ela tentou se matar' – respondeu Antônio.

"'O quê?!' – perguntei assustado e quase engasgando.

"'É melhor contar tudo, Antônio' – pediu Olívia.

"'Ela estava no curral ao lado da casa dela, com uma corda no pescoço e já ia pular quando o irmão a salvou. Queria se enforcar' – explicou Antônio.

"'Será que foi por causa do que aconteceu aqui? Maria terá ficado doente também?' – indaguei.

"'Acho que não! Dizem que ela estava grávida e com medo dos pais, quis morrer' – respondeu Antônio.

"'Meu Deus!' – exclamei sentido.

"'Mas não é só isso' –, interrompeu nossa cozinheira. – 'É melhor contar tudo. Maria estava grávida, digo estava, porque não está mais. O irmão impediu que ela morresse, pulou sobre ela, caíram e ela abortou pelo tombo que sofreu. Mas ainda tem a pior parte!'

"'Algo pior? Contem logo!' – roguei.

"'Estão falando que o filho que ela esperava era do senhor' – falou a cozinheira, Manuela.

"Abri a boca e arregalei os olhos. Assustei-me, nunca olhara para Maria. Olívia riu. Antônio a censurou:

"'Não ria, Olívia! É isso mesmo que estão falando. É melhor, Luís, ir lá e verificar. É uma calúnia que se espalha'.

"'Calúnia' – disse Manuela –, 'é como a traça numa roupa: ao vermos, ela já estragou tudo; mesmo tirando-a, o tecido fica danificado e às vezes de forma irreparável. Infeliz do caluniado, que sofre as conseqüências da maledicência'.

"'Mais infeliz é o caluniador, lameou sua alma e para limpar-se necessitará de muitas lágrimas de sofrimento. Quem calunia não sabe o mal que faz a si mesmo' – expressou-se Olívia indagando: – 'De quantos meses Maria estava grávida?'.

"'De três meses' – respondeu a cozinheira.

"'Faz seis meses que ela deixou de trabalhar aqui em casa' – falei.

"'Mas as pessoas estão dizendo que o senhor encontrava-se com ela pelo mato' – informou Manuela.

"'Vou lá hoje mesmo' – disse determinado. – 'Antônio, por favor, vá à casa dos pais de Maria e peça-lhes para me esperarem que às dezessete horas, estarei lá para visitá-los'.

"Fui aborrecido. Os pais dela, os irmãos e ela estavam me esperando. Após os cumprimentos, fui logo ao assunto:

"'Quero saber o que aconteceu com você, Maria'.

"'Estava grávida, o pai do meu filho não quis assumir; com medo, preferi morrer. João, meu irmão, impediu, pulou sobre mim, caímos e machuquei meu braço, fiz um corte na testa e acabei abortando'.

"'Que imprudência, Maria! Por que não me procurou? Ajudaria você até a criar seu filho. Ainda bem que não morreu! Vim aqui porque fiquei sabendo dos falatórios, quero esclarecer que não tenho nada com isso. Quero, Maria, que fale o nome do homem com quem teve esse relacionamento. Não sei se vocês sabem, mas estão dizendo que sou eu'.

"'O senhor não tem nada com isso!' – expressou-se Maria.

"'Não tenho mesmo! Nunca nem olhei para você' – afirmei.

"'É melhor dizer a verdade minha filha' – pediu a mãe dela.

"'Foi o Jorge!' – confessou Maria baixinho.

"Jorge era filho de um amigo de meu pai, fazendeiro também e rico. O moço era muito bonito e tinha fama de conquistador. Certamente, nunca se casaria com uma moça simples, filha de empregados.

"'Espero que digam a todos a verdade, não quero ser acusado pelo que não fiz. Por favor, agora me dê licença, gostaria de conversar com Maria em particular' – pedi.

"A família nos deixou sozinhos e indaguei o que me preocupava:

"'Maria, por que fez isso? Tem a ver com o que aconteceu em casa?'

"'Não, senhor Luís' – respondeu ela – 'o que lhe aconteceu foi muito triste. Gostava muito de dona Helena e senti bastante. Confesso ao senhor que não quis morrer, só assustar meus pais para que aceitassem minha gravidez. Planejei tudo, peguei uma corda já velha, deixei um pedaço roído para arrebentar, medi-a bem para ficar mais comprida, para que quando ficasse dependurada alcançasse o chão. Vigiei meu irmão, quando vi que ele vinha para o curral, subi num banco e fingi que ia saltar com a corda no pescoço. Não calculei que ele ia pular sobre mim e que além de me machucar, abortaria'.

"'Que imprudência! Isso não se faz! Com a morte não se brinca. Você agiu errado!' – censurei.

"'Agora eu sei e aprendi a lição. Fico até arrepiada só de pensar que algo poderia ter dado errado e que nesta hora, estaria morta. Nunca mais farei isso! Quero que o senhor me perdoe, não quis envolvê-lo. Com medo, não falei com quem estava me encontrando. Aí aconteceu o falatório e quando fiquei sabendo, já estavam falando que o senhor era o pai do meu filho'.

"'Maria, só você pode desmentir este falatório. Embora muitas pessoas ainda duvidarão. Calúnias são como penas espalhadas, é difícil reuni-las de novo. Vamos esquecer isso; com o tempo cansarão de falar. Diga-me, menina, o que pretende fazer agora?' – perguntei.

"Pela região, naquela época, uma moça que agia como Maria, era chamada de 'perdida' e não tinha muita escolha, ou ia para o meretrício, ou ficava trancada dentro de casa. Maria olhou-me, com lágrimas nos olhos.

"'Não sei' – respondeu. – 'Queria tanto ser cantora! Sei de uma mulher que ensina as pessoas a cantar, ela mora na cidade grande, cobra para ensinar e ainda tem a hospedagem, a viagem!'

"'Pago para você!' – decidi. – 'Darei dinheiro para você ir, desde que me prometa nunca mais pensar em suicídio'.

"Ela gritou alegremente; os familiares vieram correndo ver o que havia acontecido. Maria lhes contou, todos se alegraram com a notícia e os pais permitiram que ela fosse. Um dos irmãos a levaria. Tudo resolvido, vi dúvida no olhar de uma das suas cunhadas. Fora como se lesse em seus olhos: se ele não tem nada com Maria, por que está fazendo isso? Resolvi esclarecer:

"'Maria alegrou minha esposa, que estava doente. Não tenho nada com esta menina, nunca tive. Estou fazendo uma caridade. Espero que meu gesto não seja mal interpretado'.

"'Não, senhor Luís, não será' – falou Maria determinada. – 'Hoje mesmo vou reunir as mulheres fofoqueiras aqui em casa e direi a elas toda a verdade'.

"E, assim, Helena, vi Maria pela última vez. Ainda houve comentários, mas eu estava tão triste, sentia tanta saudade, que não dei importância. A calúnia é algo terrível, que pode destruir pessoas, famílias. Maria partiu com o irmão. Dizem que estudou canto e tornou-se cantora; foi trabalhar com um grupo de artistas e casou-se com um deles. Não pôde ter filhos, porém adotou seis crianças órfãs. O pai dela sempre me dava notícias. Foram muitas as vezes em que ela pediu para o pai me agradecer."

Luís fez uma pausa e Helena pediu:

– Continue, Luís, a falar, está sendo benéfico para mim saber o que se passou. Vivemos a mesma história, só que fomos tão diferentes! Desculpe-me se o fiz sofrer assim. Não temos nunca o direito de causar sofrimento aos outros, ainda mais aos entes que amamos e que nos querem bem. O maior remorso dos suicidas é lidar com isso, com o padecimento causado aos que ficaram. Retorne às suas lembranças, estão sendo esclarecedoras, e não tenha receio de me magoar. Sei que fui a Helena que você narra; o passado, como disse, faz parte de nós, mas não sou só esse personagem, sou a soma de tudo o que já vivi. Muitos nomes já tive, vivi muitos acontecimentos.

Sou agora um ser que tenta viver para amar, não serei a causa de sofrimentos para mais ninguém.

– Sei disso! – exclamou ele emocionado.

A brisa suave balançava os cabelos dela, observei-os com atenção, eu conseguia ver Helena como um todo, como ela era. Sentindo que eu a observava, olhou-me e sorriu. Luís, atendendo ao seu pedido, continuou a falar:

– Passei alguns dias após a tragédia como um sonâmbulo, parecia um tonto, sentia o raciocínio lento, emagreci muito, estava abatido e infeliz. Seus familiares não vieram, mas uma de suas irmãs me escreveu, dizendo que sentiram muito e que, talvez, tivesse sido melhor assim. Agradeceu-me, dizia que todas eram gratas pelo que fizera a você. Anos depois, soube que sua mãe se casara de novo, sua irmã mais velha fora para um convento e as outras duas também tinham se casado.

"Foi minha mãe quem me tirou da apatia na qual me encontrava, repreendendo-me:

"'Luís, como Cecília diz que vem nos visitar, quero esta casa em ordem. Ela precisa de uma pintura e de objetos novos. Agora que aquela moça foi embora com os maus espíritos, podemos viver em paz. Faça o que estou mandando! Não seja omisso e preguiçoso! Você só me dá trabalho! Não consigo educá-lo! Por que não é como seus dois irmãos?'

"De fato, Cecília havia escrito dizendo que, se tudo desse certo, ela e a família viriam nos visitar.

"Ficava sentido com a maneira de mamãe me tratar, estava muito carente, sentia falta de amor materno e não compreendia o porquê de ela não conseguir me amar; ela estava cada vez pior. Sempre fiz de tudo para agradá-la.

"Para não adoecer ou morrer de tristeza, passei a dedicar-me mais aos negócios e fiz a reforma na casa, como mamãe queria.

"Padre Romeu diminuiu suas visitas e, quando vinha em casa, certificava-se primeiro se não estava.

"Não deixei ninguém mexer em nosso quarto, tudo ficou no mesmo lugar, a cama e os enfeites. Por mais que limpássemos, não conseguíamos tirar a mancha de sangue do assoalho. Guardei seus objetos e roupas no armário e os tranquei. As roupas que eu havia comprado para nosso nenê doei para minha amiga Olívia, que logo teve seu filho. Lá no quarto ninguém mais entrava, só nós dois, para limpá-lo. Depois do parto, Olívia voltou para administrar a casa, trazendo o filhinho. Fui padrinho dele, era uma criança linda.

"Passei a dormir na parte nova, num quarto ao lado do de mamãe, o antigo dormitório de João Augusto. Mas, às vezes, ia ao quarto que ocupamos e chorava horas ali de tristeza e de dor.

"Trabalhava bastante, isso me cansava o corpo e evitava que pensasse. Ficava muito tempo olhando os quadros com os nossos retratos ou sentado no banco defronte das roseiras onde sabia que embaixo da terra estavam seus restos mortais.

"Comecei a ter remorso, uma dor terrível. Sentia-me culpado, fora muito prepotente, não lhe perguntara se queria casar comigo, se me amava. Concluí que a forcei e que, sentindo-se muito infeliz, preferira a morte. Sofri tanto, que não me lembro, em todas as outras existências no corpo físico, de ter sofrido assim.

"Numa noite, depois de ter chorado muito, sonhei com meu irmão. João Augusto me disse: 'Agradeço a você, Luís, por ter feito o que lhe pedi. Não se sinta culpado, você não errou. Um dia saberá o que houve. Tente, meu irmãozinho viver em paz, você tem muito o que fazer, tem mamãe para cuidar, a fazenda... Abra de novo o esconderijo, lá ficou um livro e quero que o leia'. Abraçou-me. Acordei sentindo-me abraçado por ele.

"Levantei-me da cama e tirei as tábuas do assoalho, o local estava cheio de pó. Intuitivamente, ou talvez guiado por João Augusto que viera encontrar-se comigo na tentativa de ajudar-me, levei a mão num dos cantos e lá estava o livro. Peguei-o, limpei-o e coloquei as tábuas no lugar. Era madrugada; curioso para saber o que continha o livro, folheei-o. Era um livro com ensinamentos orientais, o qual explicava que vivemos na Terra muitas vezes. No outro dia, à tarde, li-o e reli-o. Consolei-me ao compreender que você não estava no inferno, que isso não existia, e sim que existiam lugares tristes, onde espíritos que erram ficam temporariamente. Passei a orar para você, desejando que estivesse bem, que se perdoasse e pedisse auxílio. Perdoei você de coração, e também lhe pedi perdão. Agradeci a João Augusto e guardei o livro entre os seus pertences no nosso antigo quarto, dentro do armário, trancado.

"Passei a ter mais paciência e carinho com minha mãe, principalmente porque Cecília escrevera dizendo que não viria mais. Sentia-me ainda muito infeliz, mas como meu irmão me disse no sonho, para não me sentir culpado, esforcei-me para não sentir mais remorso. Não fiquei revoltado, passei a ser mais caridoso e compreensivo, enxuguei muitas lágrimas e fui me sentindo melhor.

"Fazia nove meses que você se fora. Meu tio veio com a família nos visitar, e Carolina, a filha mais nova e solteira, que tinha dezessete anos, tudo fez para me agradar. Era alegre, risonha e até cantou para nós. Passamos horas juntos, distraí-me, deixei por momentos de pensar em você.

"Passamos a nos visitar com freqüência, e essas visitas fizeram bem a mamãe e a mim. Estava carente, sentia vontade de conversar, mas não tinha companhia, já que meus amigos estavam todos casados. E, com a família, sempre tinha assuntos em comum: fazendas, parentes, lembranças da infância. Minha mãe até melhorou com esses encontros, entusiasmava-se em recebê-los e ia na casa deles toda contente, ela ficou mais forte fisicamente, alimentava-se bem e ficou mais corada.

"Meu tio, numa tarde, insinuou que deveria me casar e que desta vez, teria de usar o bom senso e escolher alguém saudável e conhecida. Lembrou-me da responsabilidade de dar continuidade à família. Mamãe concordou com ele e ficou insistindo para que casasse com Carolina.

"Fazia um ano que você desencarnara, pensei bem e aceitei o fato, você não voltaria mais, a vida continuava e eu a amaria para sempre. Mas isso não me dava o direito de não dar continuidade ao nosso nome, fato tão importante ao meu avô e ao meu pai.

"Comecei a namorar Carolina; noivamos. Toda a família queria o casamento; antes de marcar a data do nosso enlace, conversei sério com ela, não queria errar de novo.

"'Carolina, diga-me com sinceridade: você quer ficar comigo, ou está me namorando por insistência de seu pai?'

"'Gosto de você!' – respondeu-me. – 'Amo-o muito e sonho com o nosso casamento e se isso é do gosto de todos os nossos familiares, sinto-me mais contente ainda. Seremos felizes, teremos filhos, tudo dará certo; temos a mesma educação, conhecemo-nos desde crianças. Não se preocupe, se não o quisesse, nem meus pais nem ninguém conseguiriam forçar-me a casar'.

"Marcamos a data da nossa união, Carolina me pediu para fechar a parte velha da casa. Fiz isso, como também peguei os quadros com nossos retratos e guardei-os no armário. Com uma pequena reforma no nosso lar, neutralizei a ala antiga e só uma sala seria usada.

“E, casei novamente. Foi um casamento bonito, com muitas festas, todos os nossos parentes vieram, só faltou Cecília. Carolina dizia que me amava, era carinhosa e em poucos dias, tornou-se dona da casa, passou a administrar tudo com eficiência. Senti quando Olívia, que esperava seu terceiro filho, quis sair do emprego. Só agora entendo o porquê. Minha segunda esposa ia pouco à parte antiga da casa, nunca entrou nos quartos trancados. Só conservei o jardim das rosas, quando não era eu que cuidava, era Antônio e ninguém mais mexia nele. Todos sabiam que eu tinha ciúmes daquele jardim e que não gostava que ninguém fosse ali.

“Um dia, estava sentado no banco, admirando as flores e pensando em você. Carolina sentou-se ao meu lado e disse:

“‘Luís, você gosta do jardim por causa de João Augusto, seu irmão, não é? Olívia me disse’.

“Agradeci a Olívia mentalmente e confirmei. Achava que minha segunda esposa não tinha culpa por não amá-la e tentei viver bem com ela. Às vezes parecia que tinha duas pessoas dentro de mim, uma que amava você demais, outra que tentava viver, labutar dia a dia e que não descontava nos outros a frustração de não tê-la comigo. Acho que foi meu grande amor por você que me fez ser bom esposo para Carolina.

“Ela engravidou, ficamos contentes, mas, aos três meses de gravidez, teve um aborto espontâneo, sentimos muito. Meses depois, ficou grávida novamente e nasceu um lindo garoto, que se chamou Luís também e o apelidamos de Zinho.

"Passei por um período mais tranqüilo, gostei muito de ser pai. Carolina e eu cuidávamos muito de mamãe e eu ainda lia as cartas que escrevia e dizia serem de Cecília, pois ela mesma, pouco dava notícias. Minha mãe estava mais calma, gostava de Carolina e amava o neto.

"Fui diminuindo minhas idas à parte velha da casa, e, quando queria limpar os quartos, tinha de ficar com as empregadas, porque estas temiam o nosso antigo aposento. Sentia quando ia lá, uma saudade que doía, ainda pensava, questionando-me em que errara e por que não conseguira fazer você feliz. Com medo de errar novamente, tratava Carolina bem, fazia tudo o que ela queria, menos ir à igreja, mas nunca deixei de orar, ler o Evangelho. Não gostava do padre Romeu e não acreditava em suas bênçãos, mas não me importava se minha esposa fosse à igreja nem com as esmolas que ela dava para o padre.

"Nasceu nosso segundo filho, Caetano; era forte e sadio. Carolina não passava bem durante a gravidez e tinha partos difíceis. Dois anos depois, tivemos mais um filho, que por ter o trabalho de parto demorado, nasceu morto.

"Tive uma nova perda. Zinho era um garoto especial, muito lindo, esperto, ativo e carinhoso. Amava-o muito e ele gostava demais de mim. Numa tarde, ao subir numa árvore, fato que sempre acontecia, pois a meninada gostava de brincar no pomar e de apanhar frutas, ele caiu e bateu a cabeça numa pedra, desencarnando. Tinha quatro anos.

"Sofremos muito, choramos abraçados, percebi que quando repartimos a dor, ela é mais suportável. Mamãe piorou muito com esse acontecimento, sentia falta de Zinho. Carolina queria mais filhos, ficou grávida e novamente sofreu um aborto. Em outra tentativa, nasceu Luíza, uma menina bonita, mas frágil.

"Resolvi que não íamos ter mais filhos e ficamos com Caetano e Luíza.

"Caetano nunca nos deu preocupações, gostava de trabalhar, da fazenda, aprendia tudo o que lhe ensinava e era bondoso. Luíza nos preocupava; às vezes ficava alheia, quieta, tinha muito medo e crises de choro, temíamos que ficasse doente como mamãe. Carolina a levava muito à igreja. Nessa época, o padre Romeu estava mais velho e responsável.

"Um pintor de quadros fez nossos retratos, da família toda. Pedi que fizesse o de minha esposa e o meu, do tamanho dos nossos, do seu, Helena, e do meu. Quando ficaram prontos, peguei o meu e o de Carolina e levei-os escondidos ao nosso antigo quarto, e coloquei-os em cima dos nossos retratos, usando as mesmas molduras que eram muito bonitas. Ninguém ficou sabendo, e os colocamos na sala de estar. Mesmo tendo outra pintura em cima, seu retrato estava ali em nossa casa, e sua fisionomia na minha mente.

"Até tentei amar Carolina, porém tive por ela um carinho de irmão, e ela nunca percebeu. Um dia, ao chegar em casa em horário não habitual, escutei Carolina conversando com a irmã dela. Como falavam de mim, curioso, parei, escondi-me e fiquei ouvindo.

"'Temi quando você se casou, achei que seria infeliz!' – disse a irmã.

"'Ainda bem que seu medo foi à toa. Sou muito feliz! Luís me ama, faz todos os meus gostos, atende todos os meus desejos, trata-me como se fosse sua namorada. Amo-o tanto! Se não fosse pelas mortes dos meus filhos, seria a mulher mais feliz do mundo'.

"'Ele não fala da sua primeira esposa?' – quis a irmã saber.

"'Nunca falou' – respondeu Carolina – 'nem eu pergunto. Acho que ele se arrependeu muito por ter se casado com aquela louca! Foi uma tragédia que deve ser esquecida'.

"Saí sem que elas me vissem, pensei no que escutei. Quando queremos, ou é da nossa vontade, deixamo-nos enganar facilmente. É tão cômodo nos iludir. Talvez se a amasse, não teria feito todas as suas vontades. Sentia-me culpado por não amá-la, por isso a recompensava. Carolina foi boa esposa, administrava bem nossa casa, era como filha para minha genitora e foi uma ótima mãe.

"Nunca soube o que se passou com você, Helena, o que pensava e queria, já que pouco conversava. Sempre quis entender os motivos que a levaram a se matar e ao nosso filho. Amei-a e desconhecia seus sentimentos, e Carolina agia como eu: amava-me, julgava-se amada e nunca descobriu o que eu realmente pensava, não soube da tamanha saudade que tinha da minha primeira esposa, a qual sempre amara. E por mais que tentasse, nunca a esqueci."

sétimo capítulo

Família

— Não sabíamos como lidar com nossa filha Luíza – continuou Luís a falar. – Crescia e se tornava cada vez mais estranha, de aspecto doentio e com medo de tudo. Nós a levamos a vários médicos em cidades maiores. Se tomava calmantes, ficava apática e se não os tomava, tornava-se temerosa. Não ficava sozinha nem no banheiro. Tínhamos duas empregadas que só lhe faziam companhia, dormiam com ela no seu quarto e sempre com o ambiente claro. Ela faltava muito na escola e com dez anos não quis ir mais. Contratamos uma professora para lhe dar aulas particulares, mas Luíza não se interessava pelos estudos nem por nada. Na adolescência, piorou; nem por roupas tinha interesse, era Carolina que decidia até o que ela vestiria.

"Mamãe ficou muito doente fisicamente, acamada, não conseguia mais se levantar do leito. Uma tarde, ela quis falar comigo, não queria esperar que retornasse. Insistiu tanto, que Caetano foi me buscar nas plantações. Pediu para conversar comigo a sós.

"'Acho, Luís' – falou ela com dificuldade –, 'que devo me desculpar. Sim, meu filho, quero lhe pedir desculpa e perdão. Parece ironia do destino, o filho que sempre preteri, foi o que ficou comigo, não me abandonou e cuidou de mim com carinho. Hoje não só o amo como o respeito. Obrigada! Rogo as bênçãos de Deus a você! Foi um bom filho!'

"Fiquei emocionado, queria lhe dizer que fiz minha obrigação de filho, mas não consegui, choramos abraçados. Ela adormeceu tranqüila nos meus braços. Cinco dias depois mamãe desencarnou.

"Escrevi uma carta para Cecília informando-a do sucedido e ela me respondeu que sentia muito. Nunca mais me escreveu. Depois de duas missivas sem resposta, parei também de enviar-lhe cartas e não soubemos mais dela.

"Luíza estava com dezoito anos e cada vez pior. Carolina e eu estávamos muito preocupados com ela, queríamos ajudá-la e não sabíamos como.

"Um amigo meu, que morava numa cidade maior, ao me visitar e vê-la, falou:

"'Luís, existem muitos mistérios na Terra que não entendemos, porém, já vi muitos fatos estranhos serem explicados. Por exemplo: quando o nosso corpo físico morre, a alma, ou seja, o espírito, volta para conversar com certas pessoas que têm sensibilidade para ouvi-los ou vê-los. Você nunca viu pessoas benzer? Tirar coisas ruins de outras? Você lê tanto o Evangelho, não compreendeu que Jesus expulsava espíritos que atrapalhavam as pessoas e ao fazer isso elas ficavam curadas? Jesus fez isso e disse que quem tivesse fé o faria também. Acho que existem pessoas que podem ajudar e fazer o mesmo que o Nazareno fez. Por que não procura uma pessoa assim? Por que não tenta?'

"Sentia-me cansado e com medo. Minha mãe, você e Luíza falavam com o invisível. E todas sofreram, minha filha sofria. Estava orando muito, pedindo a Deus que me orientasse para resolver o problema dela e ali estava meu amigo tentando aconselhar-me. Achei que a vinda dele ao meu lar e o que me dizia, era uma resposta às minhas preces.

"'Você conhece alguém que faz isto?' – perguntei.

"'Conheço um grupo, cujo líder é um senhor bondoso e respeitado. Tudo é feito muito escondido, mas posso lhe dar detalhes e pedir-lhe para atendê-lo. Luís, eu mesmo presenciei uma cura. A prima de minha esposa estava como sua filha, via mortos e falava com eles, fez um tratamento lá e se curou'.

"Entusiasmei-me. Esse amigo ofereceu-se para me levar. Teríamos de ir à cidade onde morava, que ele nos encaminharia até o grupo. Não contei para Carolina, ela era muito católica e poderia se opor. Dias depois, viajei com Luíza como se fosse levá-la a outro médico. Meu amigo, como prometeu, levou-nos à casa desse senhor. Contamos-lhe o que se passava; escutou pacientemente, porém sem se surpreender. Em seguida, fez uma leitura do Evangelho, orou colocando as mãos sobre a cabeça de minha filha.

"Luíza tranqüilizou-se, voltamos ao hotel e ela foi sozinha ao banheiro. À noite me pediu:

"'Papai, por favor, quero me curar! Leve-me mais vezes até esse senhor. Não me lembro, na minha vida, de ter me sentido tão bem assim, pareço outra, sinto-me leve, sem aquele peso horrível'.

"Voltamos à casa do senhor e minha filha melhorou. Na quinta vez, senhor Antero, esse era seu nome, conversou conosco e explicou:

"'Existem pessoas que, ainda não sei o porquê, podem sentir os espíritos que já partiram para outro plano. Os despojos carnais se decompõem no cemitério, mas a alma continua viva, e algumas ficam por aqui, na Terra, sem rumo, e pessoas iguais a Luíza, eu e outros, sentem-nas. Se essas almas sofrem, passam-nos o sofrimento. É preciso encaminhá-las, fazer com que entendam que já não vivem como nós, para não prejudicarem mais ninguém. Existe um intercâmbio entre os de lá e os daqui, isto é, entre nós, que vivemos aqui nesse corpo carnal, e os outros, que tiveram seu corpo morto. Não sei explicar bem isto, mas no futuro estará entre nós um ser que explicará e dará nomes a todos esses fenômenos[1]. Vamos fazer uma reunião hoje à noite, e os convido para assistir'.

"Chegamos ao hotel; Luíza e eu ficamos conversando e ela me disse:

"'Papai tenho medo do que pode acontecer nessa reunião, mas quero ir. Sinto que o senhor Antero pode me ajudar. Como não acreditar no que ele disse? Vimos vovó conversar com as almas. Será que ficarei como ela? Não quero ficar louca, vamos a essa reunião; é a única esperança que tenho para me curar'.

"Fomos; a reunião era restrita, realizava-se na sala de estar da casa simples em que o senhor Antero morava. Oito pessoas sentaram ao redor de uma mesa. Leram um texto do Evangelho, fizeram orações que desconhecia, pois não eram decoradas, eram rogos e agradecimentos espontâneos.

"Depois, as pessoas começaram a falar e Luíza segurou firme minha mão, dizendo baixinho:

"'Papai, vejo aqui, dois espíritos que me atormentam, eles vão falar agora'.

"Demorei a compreender que os espíritos se aproximaram dos sensitivos e eles repetiam em voz alta o que as almas dos mortos falavam. Não pude duvidar do que ouvi. Disseram fatos conhecidos só por nós de casa, do pavor que transmitiam à Luíza, não permitindo sua

1. De fato, Allan Kardec, algum tempo depois, reencarnou, estudou e deu nomes a estes fenômenos, codificando e dando origem ao Espiritismo (N.A.E.).

ida à escola, afastando-a dos amigos. Fizeram isso para se vingarem do que ela lhes fizera em outra vida. Senhor Antero conversou com eles, explicou-lhes que estavam perdendo tempo prejudicando desafetos, em vez de cuidar deles mesmos, de se esforçar para serem felizes. Faziam sofrer, mas sofriam também. Orientou-os, explicando que devemos perdoar, porque todos somos carentes de perdão. Ali, naquele momento, lembrei-me do livro de João Augusto, que elucidava que nascemos muitas vezes na Terra em corpos diferentes. Luíza desde pequena era doente e nunca havia feito nenhuma maldade da qual era acusada; se fizera, fora em outra vida.

"'Deus, sendo justo e misericordioso não iria condenar seus filhos a castigos sem fim, daria oportunidades para que reparassem os pecados por meio de outras existências, e Luíza estava tendo essa oportunidade' – pensei naquele momento, naquela casa simples onde se praticava a caridade.

"Minha filha voltou contente para o hotel, cantou e me beijou, estava alegre. Fiquei aliviado e agradecido, tive certeza de que estávamos certos, fazendo aquele tratamento que, para muitos, não era recomendável por não o compreenderem.

"Na segunda reunião, Luíza também falou, mudou o tom de voz e disse que estava sofrendo; compreendi que ela repetia o que algum espírito dizia. Senhor Antero conversou com ele, elucidando-o; disse-lhe que seu corpo físico estava morto e que necessitava ir para lugares onde se agruparia com outros que também já haviam mudado de plano.

"Tínhamos de voltar para a fazenda; Luíza quis ficar, queria continuar o tratamento, ou, o aprendizado do qual necessitava, e então me pediu:

"'Papai, deixe-me ficar; pressinto que se aprender a lidar com o que sinto, não ficarei mais com aquelas crises e aqueles medos horrorosos'.

"Resolvi o problema deixando-a num pensionato de moças, ali perto. Voltei despreocupado; minha filha ficara bem. Em casa, contei para Carolina e Caetano tudo o que acontecera; minha esposa ficou apavorada e só se tranqüilizou quando leu a longa carta que Luíza lhe escrevera, afirmando que estava se sentindo bem, sadia e feliz.

"Fiquei pensando no que ouvi do senhor Antero e lembrei-me novamente do livro do meu irmão João Augusto, o qual achei e guardei. Tive vontade de relê-lo, peguei-o e comecei a ler. Vi então que numa página em branco ele escrevera o seguinte:

"'Hoje vimos, Luís e eu, Noquinho. E indaguei a mim mesmo: Por que não sou aleijado? Por que sou sadio?'.

"Parei de ler e lembrei-me de Noquinho, um senhor que tinha as pernas tortas e pequenas, nascera daquele jeito, não andava. Ficava apenas sentado, colocavam-no numa cadeira comum, com rodinhas e havia sempre alguém para empurrá-lo. As rodinhas quebravam sempre, e ele, pacientemente, consertava-as. Ele trabalhava, fazia lindos brinquedos de madeira, charretes, carruagens, bonecos e animais. Papai nos dava dinheiro e íamos lá comprar, fazíamos até encomendas. Eu brincava; meu irmão apesar de ser o que mais comprava, não brincava, doava os dele para as crianças da fazenda. Um dia, comentei com meu irmão, como seria ruim ser como Noquinho, não andar, não poder se locomover sozinho. João Augusto disse que deveria existir uma razão para ele ser daquele jeito.

"Noquinho não se queixava, estava sempre alegre; desencarnou alguns anos depois que João Augusto fez sua mudança de plano. Noquinho ficou doente, sofreu muito, permaneceu no leito dois anos com dores terríveis, porém, sua desencarnação foi tranqüila. As pessoas começaram a dizer que ele fazia milagres, que bastava orar e pedir a ele que eram atendidas.

"Continuei a ler as anotações do meu irmão:

"'Depois de pensar muito sobre essas indagações, senti a resposta dentro de mim mesmo. Não precisei dessa dolorosa lição. Cada um de nós passa pelo aprendizado de que necessita'.

"João Augusto escreveu só isso, e pensei como ele. Por que sou sadio? Por que esse desequilíbrio de mamãe, de Luíza? Como não acreditar que nós voltamos muitas vezes em corpos diferentes? Só acreditando nisso é que podemos compreender as diversidades que existem e a justiça e misericórdia de Deus, nosso Pai.

"Por que sou? Por que não sou? Meditei e, como meu irmão, obtive a resposta.

"Três meses depois, fui buscar Luíza, encontrei minha filha diferente, tranqüila, bonita, sadia e alegre. Fiquei muito grato, até ofereci dinheiro ao senhor Antero, que recusou educadamente e me orientou:

"'Senhor Luís, sua filha é sensitiva, já trabalha conosco. Ela está bem, mas, como tenho observado, pessoas como ela precisam fazer esse processo de ajuda para serem auxiliadas. É ajudando que se é ajudado. Deixe Luíza voltar e ficar conosco'.

"Na fazenda, todos se admiraram com sua melhora, parecia outra pessoa. Dias depois, Luíza me pediu para voltar, queria trabalhar, empregar-se numa loja e nos contou que estava namorando o filho do senhor Antero e que o amava.

"Carolina e eu conversamos e decidimos deixá-la ir, já que era o melhor para ela. Fui levá-la e fiquei alguns dias lá. Percebi que André a amava. Comprei para minha filha uma boa casa e uma loja, e os dois trabalhariam nela. Contentes, marcaram a data do casamento. Quis que fosse na fazenda, mas minha filha pediu:

"'Papai, quero casar aqui, numa cerimônia simples. Não quero que gaste dinheiro com festas, o senhor já nos ajudou bastante'.

"Calculei quanto gastaria numa festa e dei o dinheiro para eles. Três meses depois, casaram-se, fomos à cerimônia com alguns parentes. Luíza e André estavam muito alegres. Minha filha tornou-se equilibrada, tranqüila e aprendeu a ser bondosa. Foram felizes.

"Sentia que Caetano nos escondia algo, quando o vi suspirando pela casa, percebi que era por causa de uma namorada. Comentei com Carolina:

"'Caetano está apaixonado! Por quem será? Parece que não quer nos falar'.

"'Aí Meu Deus! Se não quer nos contar é porque algo está errado!' – exclamou minha esposa.

"Preocupei-me e fui conversar com ele; confessou estar apaixonado. Insisti para que me dissesse quem era a moça. Éramos liberais, e nosso filho sabia, nunca iríamos impedir se a moça fosse pobre, por isso receei que não fosse boa pessoa. Ordenei que falasse:

"'Amo Marta, e só quero ela!' – acabou confessando.

"'Que Marta?' – perguntei.

"Não me lembrava de conhecer Marta nenhuma.

"'A filha do senhor Jorge, os senhores não se dão, mas nós não temos nada com isso'.

"'Ela ama você?'

"'Sim, tanto quanto eu a amo, mas o pai dela não quer nem ouvir falar nesse namoro' – respondeu Caetano tristonho.

"'Ora, quem é Jorge para não o querer como genro? Se você não é bom para genro, Marta não é para nora!' – gritei.

"'Papai, por favor!' – rogou Caetano.

"A expressão dele me fez esquecer a raiva. Éramos boas pessoas, honestos, trabalhadores e benquistos, não havia motivos para que alguém proibisse a filha de namorar meu filho. O fato era que Jorge não gostava de mim. Quando do episódio com Maria, em que a fiz desmentir o meu envolvimento em sua gravidez e dei-lhe dinheiro para ir embora, Jorge me procurou, pediu-me para que não fizesse isso; ele queria Maria como amante, já que seu pai nunca o deixaria casar-se com ela. Respondi que faria o que ela quisesse. Ele se ofendeu, não nos tornamos inimigos, mas nunca mais conversamos. Jorge me evitava e eu o ignorava. Caetano estava sofrendo porque ele não queria que sua filha Marta namorasse meu menino. Acalmei-me e pedi:

"'Desculpe-me Caetano, você tem razão, não devo me ofender porque Jorge não quer o namoro de vocês. Embora preferisse que fosse outra sua escolhida, não serei contra e pode contar comigo para o que precisar'.

"'Pois vou precisar, já necessito! Quero fugir com Marta, pois com o ato consumado, só restará ao senhor Jorge concordar com o nosso casamento. O senhor me dará dinheiro para que viajemos juntos?'

"'Dou' – respondi –, 'vão para longe, aproveitem a viagem e quando voltarem venham para o nosso lar. Enquanto estiverem viajando, montarei uma casa na cidade para vocês'.

"'Obrigado, papai!' – expressou-se Caetano agradecido.

"Mas, naquela noite, Marta tentou suicidar-se, cortou os pulsos e foi uma correria. Caetano, ao saber, decidiu ir vê-la e entrar na casa da amada de qualquer jeito. Fui com ele. Jorge nos recebeu na sala, estava abatido, trêmulo de raiva. Após os cumprimentos nos disse:

"'Marta quis morrer porque espera um filho seu! Espero que assuma o que fez!'

"Espantei-me, olhei para Caetano e vi surpresa em seu rosto, porém, respondeu tranqüilamente:

"'Sempre quis casar com Marta!'

"'Poderia impedir e não querer esse enlace' – disse. – 'E então, o que você iria fazer, Jorge? Mandaria Marta para um convento? Para o meretrício? Ou para longe? Como vê, meu caro, quando é com nossas filhas, vemos os acontecimentos de forma diferente. Mas, como sei que os dois se amam e que Marta não tem culpa de seus atos passados, concordo'.

"Caetano foi vê-la, e a mãe dela os deixou sozinhos. Quando ele saiu do quarto, Jorge e eu havíamos combinado que os dois se casariam logo.

"Ao regressarmos para casa, Caetano comentou sorrindo:

"'Marta cortou-se superficialmente, nunca morreria por esses ferimentos e mentiu para o pai, pois não está grávida'.

"Rimos.

"Mas logo Marta arrependeu-se amargamente de sua imprudência. O corte do braço infeccionou, ela teve febre alta, passou dias acamada e com dores fortes. Ficamos com receio de que tivesse de amputar sua mão direita, porém ela reagiu, recuperou-se, mas ficou com seqüelas: além de uma enorme cicatriz, perdeu o movimento da mão, mexia pouco os dedos e não tinha mais força, não conseguia pegar nenhum objeto. Marta chorou muito de remorso e viu que não precisava ter feito o que fez, pois o problema seria resolvido de outro modo. Caetano já o havia solucionado, planejando a viagem deles.

"Ela acabou concluindo que com a vida física não se brinca e que atos imprudentes têm conseqüências desagradáveis.

"Quando Marta se restabeleceu, eles marcaram a data do casamento, fiz questão de fazer uma grande festa na fazenda.

"Ser avô me foi muito prazeroso, tive sete netos. Rodrigo, o filho mais velho de Caetano, foi-me especial. Ao vê-lo, lembrei-me do meu Zinho e gostávamos muito um do outro.

"Tivemos anos tranqüilos. Caetano trabalhava comigo, morava na cidade e era feliz com Marta. Luíza também estava bem, vinha sempre nos visitar. Nessas ocasiões, ficávamos sempre que podíamos conversando e ela me explicava o que aprendia:

"'Papai, sobrevivemos à morte do corpo físico, e essa mudança de plano é algo simples. Talvez por haver simplicidade é que a maioria das pessoas não entende, esperam por algo fenomenal. Logo, porém, percebem que não é nada disso; apenas fazemos uma mudança e só nossas obras, boas ou más, acompanham-nos. Acho que Deus fez isso para que não estranhássemos tanto, mas, mesmo assim, muitas pessoas apegadas aos bens materiais, ou àquilo que julgam ter, negam-se a mudar e ficam por aqui perturbadas e perturbando. Meu trabalho consiste em tentar orientar as que morreram e vagam entre nós'.

"'Filha, é muito importante seu trabalho!' – exclamei.

"'Mais importante é aproveitar as oportunidades para aprender, servir e deixar de ser servido' – esclareceu-me Luíza.

"Ela apenas se ressentia do preconceito sofrido e por ter de esconder esse trabalho de caridade e orientação.

"Carolina desencarnou tranqüila como viveu. Foi dormir após o almoço e, como demorou a levantar-se, a empregada foi chamá-la, encontrando-a morta.

"Senti, foram anos de convivência, sem brigas, era companheira e amiga.

"Caetano se propôs a morar na fazenda; agradeci, quis ficar na casa sozinho e, para tranqüilizar meus filhos, convidei Olívia e Antônio para vir morar comigo. Minha amiga passou a administrar a casa novamente. Abri a parte velha, reformei-a e voltei a dormir no nosso antigo quarto. Cortei os retratos meu e de Carolina e os doei a Caetano; ficaram nas molduras os antigos: o meu quando jovem e o seu, Helena. Pendurei-os no mesmo lugar em que estiveram, na sala de estar da ala antiga. Caetano achou ruim e Luíza não gostou; porém, expliquei-lhes que o grande amor da minha vida fora você. Minha filha comentou:

"'Papai, tenho certeza de que inimigos invisíveis perseguiam Helena, que certamente sofreu e o fez sofrer. Respeito seu amor por ela, faça como achar melhor, é o senhor quem mora nesta casa'.

"Caetano nada comentou, porém quando vinha me visitar evitava entrar na sala dos retratos.

"Eu estava idoso, porém saudável, andava pela fazenda, dava meus passeios pela margem do lago, passava horas no nosso jardim e outras olhando os retratos e recordando.

"Antônio desencarnou; logo depois foi Olívia. Fiquei doente. Pedi para Caetano e Rodrigo que conservassem a casa e o jardim das rosas que tanto amava e eles o prometeram.

"Minha desencarnação foi tranqüila, tanto que nem percebi; foi como dormir e acordar com a casa fechada e sem os empregados. Tentei abrir a porta do quarto e não consegui. Pensei: 'O que terá acontecido? Não me deixariam aqui sozinho nem trancado. Aconteceu algo estranho'. Lembrei-me de Luíza, no que ela falava e concluí: 'Acho que morri! Que faço agora? Devo ter calma, vou pensar na minha filha e pedir ajuda a Deus'. Orei com fé, senti que me locomovia, porém não abri os olhos, receei; quando senti que tinha parado, abri-os e vi Luíza na reunião, com um grupo de senhores e senhoras que oravam. Bastou me olhar e me comparar com eles para compreender que realmente meu corpo morrera. Tive uma sensação estranha nesta comparação, difícil de explicar; continuava o mesmo, entretanto tão diferente! Conversava normalmente com os outros que, como eu, tinham feito a mudança de plano; porém, para que eles, no corpo físico, me ouvissem, precisava de um médium, de um intercâmbio. Falava perto de um deles, que repetia e escutava todos.

"Desencarnados que lá trabalhavam me levaram para uma colônia, aceitei agradecido o socorro recebido e logo estava bem.

"Confesso que senti vergonha ao rever Carolina; porém, ela, bondosa, abraçou-me dando-me boas-vindas. Falou-me que agora sabia de tudo, que queria ser minha amiga, que era grata por ter sido bom esposo e que o período em que estivemos juntos tinha sido de companheirismo. Tornamo-nos bons amigos.

"Fui estudar e passei a ser útil. Quis vê-la, Helena, porém estava encarnada num corpo deficiente, era muda. Nesta visita, vi uma garota que se esforçava para viver, vencer a deficiência e a doença. Fisicamente, não lembrava nada do que fora, porém senti que era você. Quando nutrimos por alguém sentimentos fortes, encontramo-nos e reconhecemos esta pessoa em qualquer lugar em que esteja. Tanto que aqueles que se odeiam se encontram, e os que se amam também. Passei a visitá-la sempre que podia.

"Os anos se passaram, estudei, trabalhei, sempre com esperança de reencarnar junto de você novamente. São essas, querida Helena, minhas recordações."

Fizemos uma pausa, cada um de nós meditava sobre o que escutara. Ansiei por ouvir Helena, a versão dela dos acontecimentos. Olhei-a, rogando com o olhar para que falasse, vi que Luís fez o mesmo.

oitavo capítulo

Lembranças de Helena

— Meus amigos – expressou-se Helena tranqüilamente –, comparo nossas vivências no plano físico com uma estrada a ser percorrida. Nós dois, Luís, andamos somente um pedaço juntos. E quando o fizemos, a impressão que tenho é que cada um de nós viu um lado da estrada. O mesmo trecho que caminhamos, foi visto e sentido de maneira diferente. Foi muito bom escutá-lo, saber o que se passou com você. Certamente, ao me escutar, ficará sabendo de acontecimentos de que não teve conhecimento na época. Para que entenda o que aconteceu comigo, não posso deixar de narrar minha encarnação anterior, pois foi por atos inconseqüentes dessa passagem, que tudo veio a se suceder. Tive, tivemos outros nomes. Mas, narrarei referindo-me a você por Luís e a mim por Helena, porque nomes não importam, nós os temos apenas para nos diferenciar dos outros, para atender a chamados. Quem cultiva uma denominação que já teve, demonstra que muito tem a aprender. Feliz aquele que no plano físico não se prendeu a isso. Se honra o nome sendo honesto e trabalhador, não faz mais do que a obrigação; se é caridoso, benevolente, talentoso, faz bem ao seu espírito, adquiriu um tesouro que o acompanhará na espiritualidade. Quem aprendeu a ser, é, e não precisa de denominações.

Helena fez uma pausa e olhou para Luís.

– Como gosto agora de seu olhar tranqüilo, azul como o lago! – exclamou meu amigo interrompendo-a.

– Reencarnamos nesta terra, aqui na beira do lago – reiniciou Helena, depois de sorrir com o elogio dele. – Você, Luís, fora seu avô, que foi muito poderoso e rico. Era alto, bonito, forte e mulherengo, mas também boa pessoa, trabalhador e administrador. Era casado com Eudóxia, mulher ciumenta, mas submissa, que sabia de suas traições e não podia fazer nada. Eu trabalhava na sua casa, fazia meu serviço direito, cuidava das roupas, mas era muito fútil, leviana e alegre. Não era uma prostituta, porque não vendia meu corpo, porém saia com rapazes por prazer e, às vezes, só aceitava alguns presentes. Vivia do meu salário. Quase não via meus patrões, recebia ordens de uma empregada que administrava a casa.

"Conhecia todos na região e creio que era também conhecida, sabia de tudo o que acontecia por ali. E quando veio um estrangeiro morar na floresta, do outro lado do lago, fiquei curiosa, aliás, todos os moradores do lugar também ficaram.

"Ficamos sabendo que ele fez uma cabana num local de difícil acesso, morava só, plantou algumas hortaliças, cercou um pedaço de terra ao lado da sua casinha e colocou alguns animais. Ia raramente à vila, onde comprava alimentos e algumas roupas. Ninguém sabia determinar sua idade, falava pouco e com sotaque.

"Curiosíssimas, duas amigas e eu, no nosso dia de folga do trabalho, fomos visitá-lo. Embora tenha demonstrado que não gostou da visita, foi amável, serviu-nos chá e frutas. Ficamos decepcionadas, pois não vimos nada de interessante. A cabana era pequena, tinha um estrado com um colchão, um fogão, uma cadeira e alguns utensílios de cozinha.

"'É verdade que o senhor é feiticeiro?' – quis saber minha amiga.

"'É mago? Faz magia?' – perguntou a outra.

"'Que pareço ser?' – indagou ele em resposta.

"'Uma pessoa que não é comum' – opinei.

"Seus olhos eram negros, não conseguia fitá-los; seus modos eram educados, parecia calmo.

"'Por aqui se fala muito' – respondeu ele. – 'Não sou nada disso, não quero ser! Sou um desiludido, preferi isolar-me para morrer só, como tenho vivido'.

"'O senhor não lê sorte, não faz feitiço?' – perguntei.

"'Não! Não faço nada disso!' – esclareceu ele.

"Vendo que não havia nada de interessante, fomos embora e comentamos que talvez ele tivera uma desilusão amorosa e quisera afastar-se de tudo e de todos. Cogitamos que ele poderia ser um criminoso e estar escondido. Passou-se um ano e as pessoas já não falavam mais do estranho homem da floresta. Acostumaram-se com ele e passaram a falar de fatos recentes.

"Mas não me esqueci dele, sua feição, seu modo diferente e principalmente o seu olhar me impressionaram bastante. Tinha certeza de que ele escondia algo e que era feiticeiro.

"Numa tarde em que chovia muito, chegou na fazenda, à casa sede, uma comitiva de doze pessoas estrangeiras, e como precisavam de servas para ajudar a servi-los, a governanta me chamou e mandou que ajudasse as copeiras. Escutei um deles, que falava nossa língua, dizer a você, Luís:

"'Estamos à procura de um mago, um grande feiticeiro; pelas nossas investigações, ele veio para cá'.

"'Por que o procuram? É criminoso?' – perguntou você.

"'Ele não é criminoso' – explicou o homem. – 'É somente um mago que entende bem de magias. Esse feiticeiro ensinava a um grupo de aprendizes, porém não sabemos bem o que ocorreu; um dia ele partiu dizendo que estava cansado, deixando seus alunos sem entender por que partira. Resumindo, ele fugiu do nosso país.

Seu grupo se dispersou, porém, ficaram no país, mas nenhum é bom como ele. Estamos sendo ameaçados de invasão e o queremos conosco; cansado ou não, iremos levá-lo, e terá de usar sua magia e seu poder contra os invasores'.

"'E se ele não quiser ir?' – você perguntou.

"'Ele morre!' – respondeu o estrangeiro.

"'Não faz muito tempo um homem estranho fez uma cabana na floresta e está morando lá. Talvez seja o mesmo que procuram. Ordenarei a um dos meus empregados para que amanhã os levem até lá. Convido-os para ficar aqui nesta noite. Tenho um galpão onde poderão se banhar, secar suas roupas e dormir em segurança'.

"Aceitaram e foram, após o jantar, para o galpão. Senti um aperto no peito, pensei naquele senhor da floresta sendo obrigado a fazer algo ou morrer. Resolvi ajudá-lo; quando acabamos de limpar o salão onde jantaram, saí escondida e fui sozinha para a mata. Levei só uma pequena lamparina, logo escureceu, acendi-a. Com a chuva e o vento forte, ela apagou muitas vezes. A noite estava escura e além de me molhar toda, machuquei-me com os galhos. Mas não desisti, caminhei por horas e cheguei de madrugada. Bati à porta da cabana e uma voz forte ordenou que entrasse. Entrei e ele me ofereceu uma manta seca e chá quente.

"'O senhor estava acordado a esta hora?' – indaguei.

"'Estava pensando, meditando' – respondeu ele. – 'Não é muita pequenez nossa pensar que Deus tem forma física igual a nós? Se Deus criou o Universo, a Terra, nós e tudo o que existe, Ele seria parecido com o quê? Com a árvore? Com o peixe? Devemos compreender que Deus é espírito e que é o espírito que habita esse corpo, que é semelhante a Ele'.

"Devo ter feito uma expressão de quem não estava interessada, nem entendendo ou querendo entender, o feiticeiro indagou:

"'O que faz aqui menina? O que tem para me dizer?'

"'Se o senhor for o feiticeiro das terras estrangeiras, fuja, ou então, terá de ir com eles'.

"Falando mais devagar, contei-lhe tudo o que se passara na casa em que trabalhava. Ele escutou calmamente sem me interromper, quando terminei, ele comentou:

"'Você se sacrificou e veio me avisar, já não posso dar a desculpa que não sabia da vinda deles. Vou fugir!'

"'Tem na floresta uma gruta que poucos conhecem, não sei bem onde fica, acho que não é longe daqui' – informei-o.

"'Sei onde fica'.

"'Então vá para lá e esconda-se. O senhor não quer mesmo ir com eles? Talvez se for, ficará rico, terá mais poder se conseguir fazer o que querem' – opinei.

"'O que eles querem eu não quero mais' – falou categórico. – 'Todos somos irmãos, criaturas criadas por Deus. Não quero prejudicar ninguém. Não posso usar meu conhecimento para o mal. Não almejo poder, e sim sossego. O que vale ter poder, riqueza e não ser uma boa pessoa? Prefiro ser a ter’.

“Percebendo que não entendia o que ele dizia, deu um sorriso e continuou a falar, tentando me explicar:

“‘Mocinha, Deus fez o mundo, e os homens o dividiram em países, reinos. Por incompreensão, rivalidades sem justificativas, surgiram as guerras. Estudei as forças ocultas, sei lidar com o invisível, tentei ensinar aos outros que sobrevivemos à morte do corpo físico e que deveríamos fazer desta Terra uma morada de paz para todos nós. Fui incompreendido e, às vezes, obrigado a fazer coisas que não queria, por isso abandonei tudo e refugiei-me aqui’.

“‘Fez o certo?’ – quis saber.

“‘Acho que não!’ – expressou-se suspirando. – ‘Aqui não faço o mal que querem que faça, mas sinto-me covarde por não fazer o que deveria. Só realizamos o que se deve, junto de semelhantes. E não podemos abreviar o nosso tempo de vida no corpo físico. Já decidi: não vou nem com eles nem com ninguém, não quero participar de guerras. Se não for, eles me matarão e agora que sei qual é a intenção deles, se ficar, serei responsável pelo meu próprio assassinato. Então, vou embora, ficarei escondido. Agradeço-lhe!’

“‘Talvez um dia eu precise do senhor’ – falei.

“Ele sorriu e começou rápido a arrumar suas coisas.

“‘Vou fazer de um modo que pareça que parti há muito tempo’ – informou-me.

"'Vou embora agora, contornarei a estrada, indo pelo outro lado. Tenho uma amiga que mora por ali e amanhã ela me emprestará um barco e voltarei pelo lago. Porque, se retornar pelo mesmo caminho, certamente encontrarei os estrangeiros. Chegarei atrasada ao serviço, mas darei uma desculpa, sei bem fazer isso'.

"Ele soltou os animais e arrumou tudo de modo que parecesse abandonado.

"'Quando eles forem embora' – falei –, 'e não houver mais perigo, eu o avisarei. Colocarei um pano branco naquela árvore enorme que fica no Vale Norte – era o nome de um lugar na floresta. Ao ver o sinal, poderá voltar'.

"Ele despediu-se de mim, agradecendo de novo. Saímos cada um para um lado.

"Cheguei ao amanhecer à casa de minha amiga, que me emprestou algumas roupas e o barco para partir. Meu irmão caçula devolveu tudo para ela, à tarde. Ninguém me perguntou onde estivera, acharam que tinha tido um encontro amoroso. No emprego, dei uma desculpa, não prestaram atenção em meu atraso.

"A comitiva não encontrou o feiticeiro; procuraram por quase toda a floresta e voltaram à fazenda achando que ele fora embora. Quando partiram, esperei cerca de três dias e fiz o combinado.

"Ficamos então sabendo que aquele senhor misterioso era um feiticeiro capaz de muitas proezas. A fama dele aumentou quando foi visto pela floresta; diziam que ele se tornava invisível e que ninguém o prenderia. Meses depois, esqueceram-se dele, que continuou com sua vida simples.

"Passei a prestar atenção em meu patrão, que era você, Luís, e o quis para mim. Achei-o bonito, sedutor, só que não queria ser mais uma de suas passageiras amantes. Resolvi que você ia se apaixonar por mim. Embora fosse mulherengo, tratava sua esposa muito bem e amava seus filhos, evitava escândalos, e não queria envolvimento com as empregadas da casa.

"Tanto fiz que o encontrei na cidade; depois disso, só pensava em você e não saí com mais ninguém. Você não quis mais se encontrar comigo e deixou claro que não queria amantes que trabalhassem na sua casa nem envolvimento sério.

"Não estava acostumada a ser rejeitada e fiquei inconformada. Lembrei-me do feiticeiro e resolvi visitá-lo. Na minha folga, fui sozinha, levei doces e pães e o presenteei. Ele sorriu educadamente e me olhou tão fixamente que me encabulei, certamente ele sabia que fora ali por algum motivo; resolvi falar logo:

"'Senhor Feiticeiro, vim aqui porque quero que me faça algo'.

"'Fale menina!' – falou ele tranqüilamente.

"'Por favor, faça para mim um feitiço para ter o homem que quero' – respondi.

"'Você disse *quer*, e não que *ama*'.

"'Quero-o! O senhor me deve um favor e...' – falei.

"'Você me ajudou, julga ser um favor e vem me cobrar' – disse ele tristemente.

"'Não é assim em tudo? Faço isso e você me faz aquilo? Lembro-o de que vim aqui numa noite de tempestade alertá-lo que aqueles homens o procuravam'.

"'Lembro-me bem' – expressou-se o Feiticeiro.

"'E, então, o senhor fará o que quero?' – indaguei esperançosa.

"'Menina, por que acha que sei fazer isso?'

"'Pelo que escutei das conversas daqueles homens, o senhor sabe fazer muitas coisas'.

"'Não gosto de fazer o mal' – disse ele.

"'Mal? Não quero fazer, nem que o senhor faça o mal para ninguém!'

"'Forçar alguém a querê-la não é certo'.

"'Gostaria que ele me amasse'.

"'Amar? Isso ninguém consegue forçar. O amor é um sentimento espontâneo, é uma plantinha frágil, sensível a ser cultivada. Um sentimento puro não se pode forçar' – esclareceu o Feiticeiro.

"'Não me amole. Não quero esse sentimento puro. Quero paixão! Que ele não viva sem mim. O senhor tem de me fazer esse favor. Não conhece o que diz o Evangelho? Dá de graça o que de graça recebestes' – falei exaltada.

"'Menina' – respondeu ele tranqüilamente –, 'preste atenção: creio que Jesus disse: Dá a graça, a graça que recebeste! Será que Jesus seria capaz de recomendar isso só a alguns poucos que têm sensibilidade, o dom de conversar com espíritos, de curar ou outros fenômenos?[1] Será que Ele recomendou só a alguns e isentou os outros? Será que disse: estes fazem, o resto fica olhando e sendo servido? Não creio! Certamente, foi muito mais abrangente o que o Mestre Nazareno quis dizer. Todos nós recebemos graças: da vida, da oportunidade de progredir, de ser útil, de aprender etc., e temos de ser uma fonte geradora de energias boas para nós e para o nosso próximo. Eu não sou obrigado a nada, Deus nos deu o livre-arbítrio que até Ele respeita. Devemos nos conscientizar de que temos de fazer o bem por vontade, compreensão e amor! E todos nós!'

"Não me interessei, naquele momento, pelo que o Feiticeiro dizia. Só agora compreendo o que ele disse e tenho meditado sobre esse assunto, que ninguém tem obrigação e que devemos fazer o bem por escolha, compreendendo ser o melhor para nós."

Helena fez uma pausa, recordara com carinho do Feiticeiro.

– Tenho visto isso acontecer, dizerem que o médium tem de ajudar – comentou Luís. – Ao visitar um centro espírita na semana passada, escutei duas pessoas conversando. Ao sair da casa, um deles disse: "se fosse para eu fazer, Deus me teria dado a mediunidade". Antônio Carlos, o que você tem a nos falar sobre esse assunto?

1. Mediunidade (N.A.E.).

– Como se gosta de dar reponsabilidades aos outros! – falei. – Como é conveniente ser servido! Essa graça, creio também ser mais abrangente. Todos nós a recebemos e temos de multiplicá-la. Às vezes, não estamos aptos a fazer grandes coisas, obras importantes e não queremos fazer as simples, as pequenas, que conseguiríamos e, assim, ficamos sem fazer nada. Alguns até criticam os que fazem, e outros, ociosos, exigem que pessoas executem as coisas em seu lugar. Tenho infelizmente escutado: "Se fosse médium, faria um centro espírita onde serviria os pobres com remédios, roupas e alimentos"; porém, quando a casa espírita precisa de voluntários para servir a sopa, essas pessoas se esquivam, pois acreditam que esse trabalho é pequeno demais para elas. Outras falam e sonham em ter dinheiro, ganhando-o facilmente, para fazer um asilo modelo, mas se recusam a ir visitar os idosos que já estão nos abrigos. Sonham com grandes eventos, mas não são capazes de fazer o que podem. O que o Feiticeiro lhe disse tem lógica. Recebemos muito, é a graça da vida, a oportunidade de aprender, de evoluir e de nos amarmos como irmãos.

Meditamos por alguns instantes. Luís e eu olhamos para Helena convidando-a a continuar narrando.

– O Feiticeiro prosseguiu e me censurou: "Não acho que lhe devo favor, não lhe pedi nada. Vim para cá me isolar porque não queria mais fazer isso que me pede. Pense, mocinha, se não irá prejudicar esse homem? Ele é casado?".

"Confirmei com a cabeça, e o feiticeiro perguntou: 'A mulher dele não irá sentir, sofrer? Os filhos não sentirão a separação?'

"'Não quero separá-los' – respondi – 'só o quero apaixonado e como amante. Não farei mal à família dele. Depois, esse homem não é santo, sempre teve e tem amantes. E discordo do senhor, fiz sim um favor a você. Se não viesse aqui avisá-lo, ou estaria lá fazendo o que não queria, ou estaria morto'.

"'Quem mata o corpo não pode matar a alma. Ia sobreviver e anseio por isso. Este título de mago, feiticeiro me pesa. Achei que conseguiria fazer os que me seguiam entender que as manifestações eram somente para chamar a atenção para um aprendizado mais sério. Quis ensiná-los, eles não quiseram aprender. Sofri muito por isso!'

"'Não me interessa o que aconteceu com o senhor, interrompi-o. Vai ou não me ajudar? Não seja ingrato!'

"'Está bem, ajudo-a. Mas antes a alerto para uma coisa muito importante: paixão é como fogo, quase sempre queima os envolvidos. Ninguém faz isso, ou seja, um feitiço para outro, sem ficar marcado. Terá conseqüências ruins. Por que, menina, você não se interessa por outro homem e o conquista? Você é bonita e agradável' – aconselhou ele.

"'O senhor está brincando comigo? E, por favor, não me chame de menina. Sou adulta! Tenho vinte e dois anos. Ninguém por aqui me levaria a sério, já tive muitos amantes! Não quero me casar ou ter compromissos sérios. Só o quero como amante e apaixonado. E não me importo com as conseqüências! E, não adianta me dizer que não sabe fazer esse feitiço!'

"'Não vou mentir, sei' – afirmou ele. – 'Quem sabe fazer o bem pela magia, sabe fazer o mal. Não queria mais prejudicar ninguém. Mas você acha que lhe devo um favor e está me cobrando; como não gosto de sentir-me devedor, vou fazer o que quer. Só que para isso, necessito de algumas coisas que deverá trazer para mim. Mas, aviso-a: para conseguir o que deseja, um espírito a ajudará. Será uma alma penada que se afina com isso. É perigoso, pois ele ficará com você e a sentirá como devedora'.

"'Isso não tem importância! O senhor fará isso para mim e não lhe cobrarei mais nada. É um favor pago! E não se preocupe comigo, se tiver conseqüências, eu as assumo' – afirmei.

"Ele ainda tentou me convencer, falou e não prestei atenção. Insisti que ele me devia, porque percebi que o Feiticeiro não gostava que lhe cobrassem, nem de se sentir devedor. Quando afirmou que faria o que lhe pedi, fiquei contente e fui embora sem me despedir. Como trabalhava na casa, foi fácil arrumar o que o mago me pediu. Na folga seguinte, voltei à floresta, à sua cabana. Ele me olhou tristemente e fez o feitiço."

Helena deu um suspiro alto. Ficamos em silêncio até que Luís me pediu:

– Antônio Carlos, fale para nós algo sobre essa prática, sobre feitiços.

Pensei por instantes e falei o que sabia.

– Mago é aquele que saber lidar com fenômenos sobrenaturais, que faz apelos às forças ocultas, que procura alcançar o domínio sobre a natureza. Com seus conhecimentos pode fazer o bem ou o mal. Feiticeiro é aquele que invoca espíritos inferiores. O assunto é vasto.

Fiz uma ligeira pausa e continuei:

– O bem existe como um sentimento forte nos seres humanos que aprendem a ser bons. Infelizmente, o mal também existe e muitas pessoas que imprudentemente praticam atos ruins.

"Você, Helena, não foi má pessoa, mas imprudente, por vaidade, resolveu fazer algo que sabia ser errado e foi mais longe: disse que aceitaria as conseqüências, ou seja, as reações. E o retorno certamente foi doloroso. Eu nunca soube que uma união assim desse certo. Não se força ninguém a amar, pode-se despertar desejos e paixões, fez uma plantação ruim, que lhe deu má colheita.

"Não acreditar que alguém pode fazer maldades é o mesmo que achar que o ser humano não assassina o outro, não estupra, não tortura etc. Criminosos assim erram muito, mas quem recorre a outros modos de fazer o mal, como feitiços, mandingas, por mim são considerados piores, pois agem às ocultas, e isso é traição. Mas, para cada ato, já que não conseguimos deixá-los escondidos, há uma reação.

"Muitos recorrem a esses processos cruéis, fazendo mais maldades do que você, Helena, por motivos diversos, e a forma de fazê-los também. E, assim, pagam por eles e ainda ficam devendo. Às vezes, para muitos, é uma dívida que parece não ter fim.

"Os que fazem e os que mandam fazer feitiços, quase sempre se iludem dando desculpas para tentar justificar seus atos e para tentar enganar a si mesmos. Mas, não existem justificativas, e as responsabilidades dos envolvidos são muitas e, assim, todos erram. E ai daqueles que pagam para fazer uma maldade.

"Há quem, por fixação mental, envia ao outro, fluidos negativos, de ódio, inveja, ciúmes etc. Muitos chamam isso de feitiço mental.

"Esse procedimento recebe muitas denominações e normalmente encarnados e desencarnados, todos afins, unem-se para realizá-los. Fazem por troca, dou-lhe isso e você me faz aquilo.

"Esse feiticeiro percebeu que você, Luís, naquela época, era presa fácil, não vibrava bem, era farrista, gostava de orgias. Se não fosse assim, ele não faria, porque seria perda de tempo, não conseguiria seus objetivos e ainda correria o risco de a maldade voltar e atingi-lo.

"Ao criarmos uma energia ruim, ela nos pertence. Ao mandarmos ao outro, se ele recebe, poderá ser atingido.

– E foi isso o que me aconteceu – disse Luís. – Não vibrava bem e fui atingido pelas forças do mal. Por que Deus permite que isso aconteça?

– Somos livres para fazer o que queremos – respondi –, porém, donos absolutos dos nossos atos. Mas, também, somos livres para repelir, para não sermos alvos. Para isso, basta não ter sintonia com as baixas vibrações. Criamos uma couraça quando temos bons pensamentos, fazemos o bem e oramos.

– E se eu, mesmo agindo bem, fosse atingido por um feitiço, o que deveria fazer? – perguntou Luís curioso.

– Se há quem faz, existem os que desmancham – continuei esclarecendo. – Os feiticeiros e os magos, consideram os centros espíritas e os espíritas seus principais e importantes adversários, isso porque os passes anulam as energias negativas. Se os feiticeiros mandam espíritos perturbados acompanhar um indivíduo, atrapalhando-o, na casa espírita, os bons trabalhadores desencarnados os levam para um socorro. Também tenho visto locais de orações em todas as religiões anularem vibrações nocivas. E muito se anula com a caridade e com o amparo, quando se recebem os dizeres sinceros: "Deus lhe pague e obrigado". Boas ações são uma proteção impenetrável para o mal.

– E, antes receber, do que fazer o mal – expressou-se Luís.

– Sim, é preferível – expliquei. – Ao realizarmos o mal, tornamo-nos maus e essa maldade é um lodo, uma sujeira que normalmente para nos livrarmos dela serão necessárias muitas lágrimas de dor. Quem recebe pode até ser prejudicado, mas não se torna mau.

– E eu, que já fiz? – perguntou Helena baixinho.

– A bondade de Deus – respondi –, dá muitas oportunidades de repararmos nossos erros, devemos aproveitá-las. Pagamos dívidas ou as anulamos com o trabalho no bem. E como é bom reparar erros com acertos!

– Sofri por esse ato impensado. Mas Deus, sendo Pai Amoroso, deu-me outras oportunidades e sou grata por isso – disse Helena.

– Existem pessoas que pensam que tudo de errado que lhes acontece é culpa de espíritos, de inveja, mau-olhado ou feitiços – expressou-se Luís.

– De fato – opinei –, há os que pensam que tudo o que lhes acontece de ruim é por culpa dos outros, sejam encarnados ou desencarnados. Deveriam pensar e analisar se o que estão passando não é conseqüência de seus próprios atos. Existem também os que não acreditam na possibilidade de ser prejudicado, e não é bom ignorar a maldade. Mas se a pessoa achar que lhe fizeram uma maldade, deve procurar ajuda, pois o que foi feito, pode ser desfeito. O bem é mais forte. E, ao ser auxiliado, não se esqueça de agradecer. Quando nos tornamos gratos, estamos aprendendo a amar de forma verdadeira.

Demos por encerrado o assunto e Luís pediu para Helena continuar.

nono capítulo

Conseqüências

— Fizemos um ritual e eu conjurei – retornou Helena a falar:

"'Que Luís se una a mim para sempre, pela eternidade!'

"'Nesta existência, por anos!' – o Feiticeiro corrigiu-me.

"'Não! Quero-o para sempre!' – afirmei.

"'Não seja leviana falando algo que não sabe!'

"'Falei e está falado! Que nos unamos pelos séculos!' – repliquei.

"O Feiticeiro me olhou tristemente e suspirou. Quando acabamos, ele me aconselhou:

"'Menina, cautela, não faça mais maldades, não se exceda nessa conquista. Não brinque com os sentimentos da esposa dele, não a fira para não ser ferida. Lembro-a de que um espírito inferior estará com você e sentindo-a devedora por ter-lhe feito esse favor. Faça o bem, ore para dar bons exemplos a ele'.

"Despedi-me do Feiticeiro apressadamente e, dias depois, reconheci que a magia que fizemos dera certo. Você, Luís, passou a se interessar por mim, tornei-me sua amante e nos encontrávamos sempre. Apaixonei-me por você perdidamente. Você largou das outras, só se encontrava comigo, me dava presentes, porém, estava nervoso e inquieto.

"Já fazia meses que nos encontrávamos, quando dona Eudóxia, sua esposa, foi visitar os pais, que moravam distante dali. O pai dela estava doente, ela ficou meses lá e ele desencarnou.

"Enquanto Eudóxia estava fora, você não quis que trabalhasse mais, queria me ver mais arrumada e me deu dinheiro. Não escondemos nossa relação e todos na fazenda ficaram sabendo. Até dormimos na cama de casal de vocês e tomávamos as refeições juntos, na sala de jantar. Cheguei até a usar roupas de sua esposa.

"Quando Eudóxia avisou que estava voltando com os filhos, você reformou uma casinha na fazenda, um pouco afastada da sede e fui morar lá.

"E, assim que sua esposa retornou, ficou sabendo de tudo. Ela sempre sabia das outras, de suas amantes, mas nunca nenhuma fora tão atrevida quanto eu. Seu ódio aumentou quando percebeu que você estava apaixonado.

"Encontrávamo-nos todos os dias; estava alegre, tranqüila e apaixonada. Pela primeira vez, fui sustentada por um amante.

"Soubemos que o Feiticeiro fora encontrado morto no seu leito. Três empregados da fazenda, por sua ordem, o enterraram perto da cabana em que vivera e dividiram seus pertences. Entristeci-me ao saber, senti-me um pouco desprotegida, tinha me esquecido dele, não o visitara mais. Minha intuição me alertou que ele me faria falta.

"Você viajou, teve de se ausentar para tratar de negócios, da herança de seu sogro. Três dias depois que partiu, fui surpreendida à noite por três homens, que arrombaram a porta a pontapés, bateram-me e me maltrataram, deixando-me muito ferida.

"Estavam a cavalo, fizeram barulho quando foram embora. Ao se afastarem, meus vizinhos mais próximos vieram ver o que acontecera. Eles me ajudaram e chamaram uma mulher que era parteira para cuidar dos meus ferimentos.

"Sofri muito, usaram de tanta barbaridade que fiquei doente e acamada por dias. Como machucaram muito minha boca e língua não conseguia falar. Quando melhorei dos meus ferimentos, fiquei com seqüelas, falava com muita dificuldade. Também fiquei manca e com uma péssima aparência, meu rosto tinha muitas cicatrizes.

"Quando me vi no espelho, chorei desesperada e fiquei demente. Não queria que ninguém me visse; fechei a casa e apenas saía à noite, para andar perto do lago. Tinha dois irmãos, que tentaram me ajudar, mas não os queria perto de mim.

"Você retornou, ficou sabendo, veio me ver e chorou por me encontrar daquele jeito. Sabia que fora

Eudóxia que mandara me surrar, mas não fez nada com ela, nem comentou. Você contratou uma senhora para morar comigo, para cuidar de mim, mandava alimentos e não deixou que me faltasse nada. Mas não veio mais me visitar, nem me viu mais.

"Com o tempo, tornei-me mais feia. Por causa dos cortes na cabeça, que doíam, não penteei mais os cabelos nem depois que eles cicatrizaram. Assustava as pessoas; estava louca, feia e com os cabelos espetados.

"Já fazia dois anos que estava assim, quando numa noite, saí e uma tempestade me surpreendeu longe de casa. Estava frio e fiquei muitas horas molhada, tive uma gripe forte, pneumonia e desencarnei.

"Aquele desencarnado que me ajudou a enfeitiçar você, chamava-se Altino. Ele ficou realmente comigo, nutria uma forte paixão por mim e permaneceu ao meu lado. Quando meu corpo físico morreu, ele me desligou[1], cuidou de mim e ficamos juntos a vagar pela fazenda. Fiquei, após minha desencarnação, muito perturbada e aos poucos fui entendendo o que acontecera comigo. Altino tentava me explicar:

"'Helena, aquela Eudóxia é terrível! Quando ela retornou da viagem e ficou sabendo de tudo, em vez de

1. Todos nós, encarnados e desencarnados, temos acesso a conhecimentos, basta ser ativo e aprender. Infelizmente, muitos usam o que sabem para o mal. Altino sabia desligar o espírito da matéria morta, não usou deste saber para ajudar, mas sim por motivos vingativos. Este processo não é difícil, muitos o fazem (N.A.E.).

brigar com o marido, resolveu vingar-se de você, como se fosse a única culpada'.

"'De certa forma fui, enfeiticei Luís' – afirmei.

"'Ela é má!' – expressou-se Altino com ódio. – 'Dias depois que lhe contaram o envolvimento de vocês, ela escreveu ao irmão pedindo ajuda. A pretexto de afastar o esposo da fazenda, eles combinaram que Luís tinha de resolver um item da partilha. Quando ele partiu, o irmão dela mandou seus homens de confiança para maltratá-la com a ordem de não matá-la. Ela a queria feia e muito machucada, para dar exemplo a outras que se atrevessem a ser amantes do marido. Agora, minha querida, que está bem, compreendendo que morreu mas que continua viva, que somos almas penadas e que podemos fazer muitas coisas, vou ensiná-la a se vingar. Dona Eudóxia será castigada!'

"Ainda não conseguia entender direito o que acontecia comigo; seguia Altino, tinha medo dele, porém era a única pessoa que me via, ouvia e cuidava de mim. Fomos para a casa sede; meu companheiro desencarnado passava medo em Eudóxia. Quando ela adormecia, afastava seu espírito do corpo físico e fazia com que ela nos visse. Incentivávamos você, Luís, a ter outras mulheres. Você começou a se embriagar, ser grosseiro com sua esposa e ter várias amantes. Quando você a agredia, nós dois aplaudíamos contentes.

"Então ela mandou matá-lo. Com a ajuda novamente do irmão planejaram um crime que pareceria um acidente.

"Numa noite, ao voltar da orgia, bêbado, aqueles mesmos homens, esperavam-no na estrada, deram-lhe uma paulada na nuca, derrubando-o do cavalo. Você ficou desacordado, então lhe deram outra pancada, que lhe causou um grande ferimento na cabeça, que sangrou muito. Esperaram que morresse e partiram. Altino e eu não pudemos fazer nada, ficamos olhando. Encontraram seu corpo na manhã seguinte.

"Foi somente minutos antes do enterro, que Altino e eu conseguimos desligá-lo da matéria morta. Levamo-lo para um local, perto do lago, entre as pedras.

"Já não estava tão feia, pois Altino me ajudara a melhorar minha aparência. Você ficou contente em me ver. Quando melhorou sua perturbação, contamos o que lhe acontecera, ficou triste e apático ao saber que Eudóxia tinha ordenado que o assassinassem. Insistimos para que se vingasse, mas não quis, e todas as vezes que lhe pedíamos respondia:

"'Não quero! Ela é a mãe dos meus filhos! Sei que não há justificativa para mandar matar alguém; minha esposa errou, porém eu lhe dei muitos motivos para que me odiasse. Não fui bom esposo!'

"Nossos argumentos não adiantaram, você não quis se vingar. Odiei Eudóxia, achava que ela fora cruel comigo e com você.

"Altino ia muito à casa sede assustar e transmitir fluidos nocivos para Eudóxia e às vezes eu ia junto, mas nossas vibrações misturavam-se com as dela. Sua ex-esposa era uma fonte de energia negativa; não sentia remorso e, quando pensava no que mandara fazer, achava bem feito. Ela dividiu a fazenda para seus seis filhos, e seu futuro pai ficou com a sede e comprou outras partes.

"Eudóxia colecionava inimigos, como dizia Altino. Fez outras maldades e muitos espíritos ficaram na casa esperando por uma oportunidade de se vingar. Muitas pessoas sofreram por seu orgulho; foi má patroa e perseguiu suas ex-amantes.

"Você não gostava de ir à sua ex-casa, apavorava-se com a presença daqueles desencarnados que lá estavam e chorava de tristeza e agonia por não conseguir tirá-los do seu ex-lar. Passou a sentir remorso por ter agido errado e não ter educado melhor seus filhos, eles brigavam por sua herança. Dois deles foram para longe após terem discutido com os outros.

"Um dia, Altino e eu, saímos para ir à sua ex-casa, você não quis ir, permaneceu sozinho em nosso canto, era como chamávamos o lugar onde ficávamos. Ao voltar não o encontramos. Procurei-o por toda a parte, chameio desesperada, fiquei aflita e orei para encontrá-lo.

"Vi uma senhora desencarnada aproximar-se devagar e, sorrindo, ela me disse:

"'Luís, minha querida, pediu auxílio a Deus e nós que trabalhamos em Seu nome, viemos aqui e nos oferecemos para levá-lo a um abrigo, local onde se aprende a viver sem o corpo físico e a fazer o bem. Ele foi conosco e os convido a ir também'.

"Não quisemos ir e ela foi embora. Fiquei novamente só com Altino; senti muito sua falta, passava horas a recordar os momentos que passáramos juntos. Estava sempre triste, não me interessei mais pela vingança que planejamos. A saudade doía, queria estar ao seu lado, amava-o realmente.

"Resolvi tentar ir para perto de você, afastei-me de Altino e fiquei a rezar todas as orações que sabia, roguei ajuda pensando naquela senhora, a socorrista, de aspecto delicado e alegre.

"Ela veio ao meu encontro.

"'Por que me chama?' – indagou com delicadeza.

"'Quero que me leve como levou Luís' – respondi.

"'Está bem, vou levá-la. Altino, você não quer ir também?'

"Foi então que o vi. Estava me vigiando escondido atrás de uma pedra; ele não quis ir e me ameaçou:

"'Você está me abandonando! Ingrata! Eu lhe fiz muitos favores e você tem de ficar comigo. Helena me é devedora e vou cobrá-la! Não vá, não escute essa senhora, fique ao meu lado. Ajudei-a quando morreu, ensinei-a a viver sem o corpo carnal, fiz-lhe companhia. E agora quer partir me abandonando? Se for embora, irá transformar minha paixão em ódio e sentirá o sabor da minha vingança. E, lembro-a de que quando você fez o feitiço, prometeu-me sua alma'.

"'Não lhe prometi nada! Não falei isso!' –, expressei-me com medo.

"'Não falou, mas todos sabem que é assim. Quando se pede favores a desencarnados, como eu, a dívida é alta e a alma é a paga[2]!' – exclamou Altino irado.

"Tive medo dele, abracei a socorrista, implorando auxílio. Altino não conseguiu me segurar e ela me socorreu. Alegrei-me muito ao vê-lo; estava limpo e sadio. A socorrista e você me ajudaram, limpando-me, e minhas cicatrizes desapareceram. Ficamos juntos num posto de socorro, fomos orientados. Você assimilou mais o aprendizado, eu não me interessei, não prestava muita atenção.

"Pedimos para reencarnar, obtivemos a graça de voltar à matéria. Você me falou entusiasmado:

"'Meu filho Luís vai se casar, vou ser filho dele, Eudóxia vai ser minha avó; acredito que gostará de mim. Como você irá reencarnar na região, iremos nos encontrar e com certeza o amor surgirá novamente, casaremos e seremos felizes. Até lá, Eudóxia terá desencarnado e pediremos que ela seja nossa filha; reconciliaremo-nos com ela e não teremos mais inimigos'.

"Não compartilhei do seu entusiasmo, falei que aceitava para agradá-lo. Reencarnamos."

---

2. Desencarnados que fazem maldades assim, não fazem de graça; sentem as pessoas como devedoras e cobram. Na maioria das vezes, agem de forma muito pior que Altino. Este tratava Helena bem, por se sentir apaixonado. A maioria faz dos devedores escravos e os levam para o umbral. Escuto muito: "Fiz e ele me deve!". E como se sofre por essa imprudência! (N.A.E.).

Helena fez uma pausa em sua narrativa, suspirou, olhou para Luís, que se manifestou:

– Helena, estou lembrando de tudo, sua narração reavivou minhas lembranças. Realmente, não quis me vingar, achava que Eudóxia fora minha primeira vítima, humilhei-a com meu modo leviano de proceder. Feri-a e ela imprudentemente revidou. Como neto dela, era-lhe indiferente, gostava mais dos outros do que de mim. Quando ela desencarnou, era pequeno. Continue, Helena, por favor, a falar de suas recordações.

– Reencarnei no seio de uma família que nada tinha a ver comigo. Meu pai era um psicopata, surrava sempre minha mãe, era um tirano, todos o temiam. Altino, que continuava desencarnado, encontrou-me e passou a me obsediar, quando ainda era pequena. Ele nutria por mim um sentimento doentio, uma mistura de paixão e ódio. Eu tinha mediunidade acentuada, via-o e ouvia-o, porém ninguém acreditava em mim, tachavam-me de desequilibrada, doente e até de mentirosa. Era surrada, recebia castigos cruéis e passei então a evitar falar sobre o assunto. Sofri muito. Eudóxia desencarnou e muitos espíritos a maltrataram, vingando-se; entre eles estava Altino, que a odiava. Ele, às vezes, trazia Eudóxia para perto de mim e me incentivava a odiá-la; não gostava deles, mas não sabia como me livrar daquele tormento. Era mocinha quando meu pai me estuprou, foi horrível!

Helena estremeceu, Luís a abraçou e aconselhou:

– Meu amor, você não precisa falar sobre isso!

– Luís, aconteceu. Foi traumatizante, porém já o perdoei, já nos reconciliamos. Não gosto de violência, mas ignorá-la, fingir que não existem atos assim, é ilusão. E viver iludido não é bom. É triste ser maltratada por alguém de quem esperamos proteção. Odiava-o! Também não gostava de minha mãe por ela não ter tido coragem de me defender, embora, se o fizesse, seria espancada. Fiquei grávida duas vezes. Minha mãe, por não querer mais filhos, tomava chás abortivos que uma senhora fazia, e deu-me esse chá para tomar, assim abortei.

Helena parou por instantes de falar e secou algumas lágrimas. Compreendi bem o porquê de os instrutores que trabalham no Departamento da Reencarnação aconselharem as pessoas que pedem para recordar o passado a refletirem bastante. É dolorido saber de acontecimentos traumatizantes e de ações indevidas. Comovido, interferi aconselhando-a:

– Minha amiga, você não teve no momento que abortou discernimento do certo e do errado! Não se martirize por isso!

– Antônio Carlos, eu não sabia naquela época que abortar era errado, ninguém me falara sobre isso; achava que era um ato normal, que todos faziam. Mas, temos dentro de nós um alerta, algo no nosso íntimo que nos diz: "Isso não deve ser feito!". Embora não tivesse outra opção, minha mãe me dava, obrigava-me a tomar os chás, achava que era certo, afinal, engravidara do meu próprio pai. Abortava com dores terríveis, padecia e chorava muito.

– Quando não há intenção, o erro é menor! – confortei-a.

– Jesus disse que quando um servo sabe da vontade do Senhor e age errado, recebe muitos açoites. Quando não sabe, recebe poucos, mas Ele não isenta ninguém das conseqüências – explicou Helena. – Vou continuar a narrar, sem, porém entrar em detalhes. Não era fácil viver naquela casa; tínhamos um receio terrível do meu pai; estava sempre apavorada, com medo dele, de Altino e de Eudóxia, que continuavam me querendo mal.

"Quando vi você, Luís, apaixonei-me e quando me beijou, fiquei muito triste, porque o amava. Mas como casar sem ser virgem! Naquele tempo havia muito preconceito, o noivo podia anular o casamento se descobrisse que fora enganado. Não tinha coragem de lhe dizer; foi então que o padre Romeu interferiu. Você mandou papai para longe e em casa nos sentimos aliviadas. Esperançosa, pensei que poderia ser feliz, ter paz ao seu lado. Casamos, mas em vez de estar bem, sentia-me infeliz com a presença de Altino a me atormentar. Não conseguia ser carinhosa com você, ficara traumatizada com a violência sofrida.

"Como é ruim ter inimigos ou ser inimigo de alguém. Tinha receio de lhe falar das minhas visões e que escutava pessoas que já haviam morrido. Até minha mãe achava que eu era louca, desequilibrada. Ter inimigos desencarnados é pior do que os ter encarnados. Não havia lugar a que Altino não ia comigo, estava sempre ao meu lado[3].

"Éramos duas médiuns doentes, sua mãe, dona Eugênia, e eu. Ela falava que via dois demônios comigo, eram os espíritos de Eudóxia e de Altino. Eudóxia foi socorrida e desejou ser nossa filha. Você a quis, mas não a aceitei. Fiquei grávida, rejeitei a gravidez. Altino me dizia que era a inimiga que ia nascer, ou seja, reencarnar, que ela seria má filha e que me mataria de novo. Quis abortar, você não concordou e passou a me vigiar. Altino intensificou seus tormentos, ele não se conformava por Eudóxia reencarnar e ser nossa filha.

"'Tem de abortar! Não pode ter por filha a criminosa da Eudóxia! Aborte! Não coma! Vomite!' – gritava Altino.

"Escutava-o a todo instante, ele não me dava descanso. Às vezes, por momentos, conseguia entreter-me no jardim, no meu cantinho das rosas!

"Sofria tanto, que resolvi me matar para não deixar Eudóxia nascer. Compreendi que você, apesar de me querer bem, estava infeliz, não queria fazer sofrer a única pessoa que me amava. Achei que minha morte seria boa para todos. Escrevi o bilhete no dia anterior; à noite,

3. Uma explicação muito esclarecedora, que o leitor poderá obter sobre o assunto, é n'*O Evangelho Segundo o Espiritismo*, de Allan Kardec, capítulo 12 "Amai os vossos inimigos", item 5 "Os inimigos desencarnados". São Paulo: Petit Editora (N.A.E.).

peguei uma faca na cozinha e a escondi. Quando fiquei sozinha no quarto, suicidei-me. Altino, que estava ao meu lado, sabia da minha intenção, porém não acreditava que fosse capaz e assustou-se, ele não queria isso. Foi um horror! Um pesadelo!"

décimo capítulo

O Feiticeiro

Helena parou de falar por instantes e enxugou as lágrimas que corriam abundantes pelo seu rosto delicado.

– Perdoe-me, Luís! Fiz você sofrer tanto!

– Você sofreu mais, Helena. Não há necessidade de me pedir perdão.

Helena retornou à narrativa:

– Senti uma dor terrível no ferimento, pensei que não tivesse morrido, ouvi os gritos de Maria e vi você ao meu lado, queria falar e não conseguia, desesperei-me. Quando as empregadas começaram a me limpar comentando que havia morrido, compreendi que continuava viva, embora meu corpo físico estivesse morto. Foi tudo muito confuso, é terrível sentir-se assim, morta-viva. Queria gritar, mas não conseguia sequer mexer um dedo.

"Apavorei-me quando escutei Olívia falar que iam me enterrar no jardim, ouvi vocês se afastarem, compreendi que estavam fazendo um buraco entre os canteiros de minhas rosas. Não queria ser enterrada e aí, lembrei-me de Deus. Pensei: 'Ele é Pai Amoroso, certamente me perdoará se lhe pedir', então roguei: 'Deus perdoe-me! Ajude-me por amor ao seu filho Jesus!'.

"Vi novamente Altino, mas não quis ir com ele.

"'Você não!' – disse. – 'Quero um anjo! Você me atormentou tanto que acabei fazendo isso. Mas Deus é bom, Ele me perdoará e me ajudará!'

"Achei que falara, porém estava pensando, Altino me ouviu e afastou-se de perto do caixão chorando.

"Foi então que vi um senhor vestindo uma túnica bege, aproximando-se devagar; sorriu para mim, passou a mão no meu rosto e me pediu:

"'Calma Helena, vou ajudá-la, sou amigo!'

"Acalmei-me e confiei. Senti suas mãos quentes e depois um puxão que me fez sair do caixão. Enxerguei a sala preparada para o velório, vi a urna e meu corpo já azulado e começando a decompor-se. Esse senhor me pegou no colo, pois estava tonta, sem forças para ficar de pé sozinha[1].

1. Helena teve atenuantes para seu ato imprudente e quando se lembrou de Deus, arrependeu-se e pediu ajuda, e viu esse senhor, o antigo feiticeiro, que estava ao seu lado naquele momento, esperando pelo seu pedido de socorro. Ele a desligou, isto é, tirou seu espírito do corpo físico morto (N.A.E.).

"Ele me olhou com ternura e soprou devagar no meu rosto, senti o ar quente e aromático entrando em mim, melhorei um pouco. Ele falou com voz forte, mas com tom compassivo:

"'Por que fez isso menina? Que imprudência!'

"Não esperou pela minha resposta; olhou para um canto, olhei também e vimos Altino agachado com as mãos sobre a cabeça.

"'E você Altino, está satisfeito com o resultado de sua perseguição?' – o senhor indagou a ele.

"Altino levantou-se, fitou-nos e exclamou surpreso:

"'Feiticeiro! O senhor por aqui? Socorra Helena, por Deus! Eu sou o culpado! Não estou satisfeito, e sim triste. Não queria sua morte nem que a enterrassem ligada ainda ao corpo morto. Por favor, ajude-a!'

"'Você também não quer socorro, auxílio?' – perguntou o senhor.

"'Quero!' – rogou Altino.

"'Espere-me aqui, levarei Helena para um abrigo e voltarei para buscá-lo' – expressou-se o senhor.

"Ele me segurou firme, agarrei-me às suas roupas, segurei-o agoniada, tive medo de me separar dele. Volitou comigo; receei, ele me pediu que confiasse e fechasse os olhos; obedeci e tentei confiar. Minutos depois senti que paramos. Abri os olhos e vi que estávamos numa casa enorme. Ele caminhou comigo nos braços, passamos por um jardim, um corredor, entramos num quarto onde havia outras pessoas, colocou-me numa cama limpa e explicou:

"'Helena, aqui você se recuperará, aos poucos irá melhorar até ficar boa, sadia. Ficará abrigada nesta casa no plano espiritual, local para onde vêm os espíritos que cometeram suicídio. Aqui trabalham pessoas que também já fizeram essa mudança de plano, elas a ajudarão. Confie, seja obediente e grata'.

"Despediu-se de mim, beijando-me a mão. Fiz o que ele aconselhou. De fato, ali naquele abrigo de amor, na espiritualidade, na colônia que abrigam suicidas, fui amparada, orientada e recuperei-me aos poucos. No início, sentia muitas dores, não conseguia falar direito, tinha saudade de você, estava infeliz, porém tinha conhecimento de que poderia estar muito pior se não tivesse sido socorrida. Ouvia de companheiros socorridos ali, o horror de ter estado no Vale dos Suicidas, de ter ficado mais tempo junto ao corpo morto se decompondo e de ter ficado vagando sem rumo. Quando pude conhecer a casa, ou seja, a colônia, encantei-me com sua simplicidade e compreendi que estava internada num hospital.

"Dois anos depois, já me sentindo bem melhor, recebi a visita do senhor que me socorreu e foi muito bom poder agradecer-lhe. Ele me fitou e quis saber:

"'O que fez de sua vida menina?'

"'Não sei' – respondi – 'vivi tão confusa, sofri muito na Terra. Quem é o senhor? Sinto que o conheço, mas não me lembro quem é. Por que me ajudou?'

"Ele falou sem muitos detalhes de minha existência passada, e, conforme ia falando, recordei os fatos mais importantes. Chorei e desabafei.

"'Não sei por que cometemos atos errados! É tão difícil a colheita!'

"'Não é bom lamentar o passado, devemos ter esperança e construir o presente. Sinto-me responsável por você, não deveria ter feito aquele feitiço, não tinha noção do que me pedia, mas eu sim, tinha pleno conhecimento do que fiz. Dei-lhe por companhia Altino, que se apegou a você como cobrador de um favor e ambos não souberam se desvincular dessa união. Arrependi-me muito por isso, pois agi por impulso, orgulho; não gostava de dever favores e você me cobrou'.

"O Feiticeiro fez uma pausa, suspirou, olhou para a janela, sem fixar o olhar em ponto algum. Recordou o que lhe ocorrera, falou cadenciado, com expressão tristonha os fatos dolorosos vividos por ele.

"'Quando encarnado, sendo muito jovem ainda, encontrei com um mestre em conhecimentos religiosos, aprendi muito com ele. Tinha o dom de ver e conversar com espíritos, li muitos livros de magia e fiquei orgulhoso dos meus conhecimentos. Anos depois, separei-me desse mestre e fui residir numa cidade onde logo fiquei conhecido como o Feiticeiro. Tentei sempre fazer o bem, ajudar o próximo e desenvolvi cada vez mais minhas potencialidades. Anos depois, cansado de só beneficiar pessoas, resolvi ensinar e organizei um grupo de alunos. Para que eles confiassem em mim, fazia magias, porque sabia lidar com os elementos da natureza, conhecia os benefícios das plantas, fazia remédios e também sabia o que muitas pessoas pensavam.

"'Gostei de ser importante, ser respeitado, ter poder agradava meu ego. Mas essa minha alegria durou pouco. Comecei a me sentir insatisfeito, com um vazio que me levou a meditar e a compreender que reencarnara para ensinar. Infelizmente, nenhum deles, os quais considerava alunos, quis aprender a ser bom, a vivenciar os ensinamentos de Jesus. Só queriam que realizasse fenômenos e ensinasse isso a eles, falava-lhes muito que sobrevivíamos à morte do físico, que tínhamos outras oportunidades de voltar ao plano físico em outros corpos. Fui, nessa época, procurado por pessoas importantes, até de outros países, e obrigado a fazer o mal. Como me neguei a fazer por dinheiro, chantagearam-me; uma vez chegaram a seqüestrar um companheiro.

"'Desgostoso e desiludido, desisti de ficar lá, não queria ser apenas feiticeiro, e sim um mestre, mas eles não quiseram aprender. Sofri e resolvi fugir. Saí escondido, à noite, levando somente alguns objetos; viajei dias e fiz moradia à beira do lago, onde nos conhecemos. Vivi ali sozinho na cabana, longe das pessoas'.

Aproveitando que ele fez uma pausa, indaguei:

"'Foi feliz vivendo lá?'

"'Não! Não é fácil viver isolado. Não se faz o mal, mas também não se faz o bem. Quem pode fazer o bem e não faz é responsável pelo que poderia ter feito e não fez. Só fazemos o bem junto de outros. É entre as pessoas que temos a oportunidade de aprender a conviver. A sabedoria está em viver no mundo sem ser apegado a ele. Quem acha ruim viver no plano físico não irá gostar do espiritual. Não amar a Terra, o lar que temos por moradia e criticar seus habitantes, não fazendo nada para melhorar essa situação, é se tachar de crítico improdutivo. Não agi certo me afastando, isolando-me, perdi uma grande oportunidade de continuar meu aprendizado; deveria ter insistido, lutado pelos meus objetivos'.

"O Feiticeiro falava como se fosse para ele mesmo; percebi que ele sofria, que aquelas recordações lhe eram dolorosas. Peguei sua mão e acabei assustando-o; sorri demonstrando que o compreendia e tentei consolá-lo:

"'Jesus também tentou ensinar'.

"Ele não respondeu, abaixou a cabeça, estava triste.

"'Como o senhor desencarnou?' – indaguei tentando continuar a conversa.

"'Já estava muito velho, senti meu físico fraco e ele simplesmente parou suas funções orgânicas. Meu corpo ficou deitado no leito, e um senhor que ia uma vez por semana me levar alimentos, achou-o. Luís mandou seus empregados enterrarem meu envoltório físico ali perto, entre as árvores, na floresta. Assim, minha veste carnal voltou à natureza. Eu, espírito, fui desligado logo após o meu desenlace por amigos, e fui encontrar com meu grupo espiritual numa colônia'.

"'Irá reencarnar?' – quis saber.

"'Sim!' – respondeu ele. – 'Devo ficar por mais algum tempo no plano espiritual e quando reencarnar, voltarei sem sensibilidade. Não serei mais mago'.

"'Por quê? Não gostou de ser feiticeiro?'

"Ele respondeu olhando para a janela; pareceu novamente falar para si mesmo.

"'Acho que não fui muito útil! Li muitas vezes no Evangelho o texto em que Jesus ordenou aos seus apóstolos que propagassem seus ensinos, expulsassem os espíritos trevosos e curassem as enfermidades. Creio que nosso Mestre Nazareno continua recomendando isso a todos nós. Quando meditava sobre esses dizeres, parecia que ouvia Jesus dizer isso a mim. Muito havia aprendido, fui mago, tentei fazer o bem, só que diante dos obstáculos, recuei. Deixei de fazer. E aquele que pode e não faz, acarreta débitos que trazem sofrimentos'.

"'Se Jesus' – continuou ele falando cadenciado –, 'deu essa ordem, de expulsar os maus espíritos que atormentam os que estão no estágio físico, porque é possível, existem possibilidades. Todos os que confiam no Mestre, podem fazê-lo. Encarnado, queria que as pessoas se curassem, mas também que aprendessem para não adoecer mais. Se compreendermos que somos espíritos, que Deus está em nós, a Luz Divina dispersará as trevas dentro de cada um. Quem entende isso não adoece; Jesus não adoeceu, ele era repleto de saúde e disse que poderíamos ser também. Assim, se vivenciarmos o Evangelho, teremos a saúde do corpo, da mente e do espírito. Devemos nos lembrar que Jesus, após curar, recomendava: Vá e não peques mais!'.

"'Achei que poderia curar o corpo das pessoas e ensiná-las a ser sadias, equilibrando o espírito e fazendo com que não errassem mais. Porque, senão, cura-se o dedo e adoece a mão; a doença apenas muda de lugar, se a pessoa não se livrar dos seus vícios. Por não ser fácil, por exigir reforma íntima, não agradei e não quiseram me escutar'.

"'Escondi-me quando você me avisou, pois se aqueles homens me achassem me matariam, não quis que eles se tornassem assassinos. Achando que fez um favor me cobrou. E para realizar seu pedido, usei Altino, que vagava pela região. Pensei que seu entusiasmo por Luís fosse passageiro; parecia-me tão volúvel! Só que acabaram se amando e, como sempre fazem os apaixonados, não entenderam que magoavam pessoas, e que estas, sendo rancorosas, poderiam reagir. Vocês sofreram e fizeram outros sofrerem. Soube do seu desencarne, de sua reencarnação e quando se suicidou, pude ir ajudá-la'.

"'Não fique triste senhor Feiticeiro!' – pedi tentando animá-lo com um sorriso.

"'Agradeço por se preocupar comigo' – disse ele. – 'Deveria ter sido perseverante e ter atendido a recomendação de Jesus: Ide e pregai... Se tivesse feito o que me propus, poderia agora me sentir realizado com a tarefa cumprida. Sei das minhas responsabilidades, porém, amo o Mestre Jesus profundamente e quero vivenciar seus ensinamentos'.

"Ficamos em silêncio por alguns minutos; depois o Feiticeiro falou mudando de assunto:

"'Altino se assustou ao me ver no seu velório, mas foi ele quem mentalmente me chamou. Ele ficou desesperado por não conseguir desligá-la do corpo morto. Lembrou-se de que fora eu que os unira, do feitiço e pediu-me ajuda. Vim para perto de vocês, esperei por seu pedido de socorro e, quando o fez, pude desligá-la. Sempre pensava em vocês, sentia-me culpado por ter atendido, naquela época, ao seu pedido e por ter colocado Altino em seu caminho'.

"'Não se sinta culpado!' – expressei-me. – 'Sofri por minha imprudência, pelos meus próprios atos. Poderia ter-me desvinculado de Altino se tivesse vibrado melhor, sido religiosa, praticado o bem. Mesmo nessa minha última encarnação, poderia ter tido ajuda, até de Luís, porque ele é bom e honesto. Acabei abandonando a luta, perdi uma grande oportunidade matando meu corpo carnal'.

"'Você realmente errou, porém aconteceram tantas coisas que a fizeram pensar em cometer essa tolice, se assim não fosse, não teria como socorrê-la. Quis ajudá-la antes, mas não tive permissão de tirar Altino de perto de você contra a vontade dele. Ele a amou, sentiu-se traído e abandonado. Em certos desentendimentos, é necessário que os próprios envolvidos se reconciliem e aprendam a amar sem egoísmo. Existem obsessões nas quais não temos como interferir, porque a ajuda depende de ambos, desencarnados e encarnados; obsessor e obsediado devem resolver a peleja e se harmonizar'.

"'Sei disso e sou grata pelo socorro que recebi. No plano espiritual, existe muita justiça e ninguém dribla as Leis Divinas. Cada caso é analisado com precisão. Muitos suicidas voltam com muitos outros erros. Você falou que tive atenuantes, não justificativas. Se analisarmos essa minha existência, vemos que fui obsediada, vivi muito perturbada... mesmo os abortos que fiz, não sabia serem errados, não sabia que matava um ser. A gravidez me deixou depressiva, adoentada, mas, se tivesse mais fé, confiança em Deus, teria superado. Sinto remorso e me entristeço pelo que fiz. Tenho conversado com os abrigados daqui desta colônia e entendi que cada um deles teve uma forma de desencarnação, embora todas tenham sido causadas por suicídio. Um senhor me disse que cometeu muitas fraudes, lesou pessoas e depois se suicidou, e que, agora, sente muito remorso por ter prejudicado os outros. Uma senhora contou que fez muitos abortos, em si e em outras mulheres, e também sente por isso mais do que por seu suicídio. Um moço contou-me que assassinou outras pessoas e que depois se suicidou e padece muito por ter sido homicida. E aqui estão muitos que cometeram esse ato impensado, sem outras ações más, e também existem os que cometeram grandes maldades. Cada um teve o socorro quando e como lhe foi necessário. Antônio Carlos, você poderia nos dizer algo sobre o suicídio?'"

Pensei uns instantes e respondi:

– Não devemos julgar ninguém. Vejo com tristeza o suicida ser tachado por muitas pessoas como errado irreparável, digno de castigo sem fim ou muito intenso. Realmente, é uma ação errada, um ato impensado que traz sofrimentos a todos os que o cometem. São muitas as causas que levam as pessoas a pensar em se matar. Recentemente, participei de um socorro, com amigos, a duas pessoas que se suicidaram. Uma jovem que por motivos banais se jogou de um local alto e veio a desencarnar. Seu ato foi tão impensado, que talvez possamos até dizer que foi ingênua; por isso pôde ser socorrida no seu velório. Outro, por uma contrariedade, por desprezo de uma pessoa que julgava amar, sem pensar nas conseqüências e por incrível que pareça, não queria nem morrer, acabou se suicidando. Eles puderam ser socorridos, foram abrigados em colônias próprias e terão de fazer um longo tratamento para ficarem bem. A espiritualidade está preocupada com os muitos casos de suicídios ocorridos e tem oferecido tratamentos a esses espíritos para que aprendam a amar a vida e a se fortalecer para viverem encarnados, dando valor a essa abençoada oportunidade. Os suicidas tem um tratamento especial no plano espiritual. O remorso é um fator importante para ser socorrido, e muitos sofrem por outros erros que cometeram. O importante é amar a vida em todas suas faces, na alegria e na dor, compreendendo que tudo passa e que a morte do corpo não nos resolve problemas, mas sim os agravam. Devemos ser caridosos com aqueles que cometeram esse ato e desejar que se arrependam, que possam ser socorridos e orientados. E aqueles que sofreram ou se sentiram lesados pelos atos de um suicida, que perdoem, pois todos nós somos carentes de perdão.

Quando acabei de falar, Helena continuou seu relato.

– O Feiticeiro sorriu para mim no final do meu relato. Ficamos em silêncio por instantes. Lembrei-me de Altino e indaguei-o:

"'E Altino? Onde e como está ele?'

"'Querendo com sinceridade mudar seu modo de ser, levei-o para um posto de socorro, onde está se recuperando e aprendendo a viver de modo certo como desencarnado. Assim que for possível, vou trazê-lo para que possam conversar e se entenderem. Agora já vou e que Deus a proteja'.

"De fato, meses depois já estava me sentindo bem melhor. Numa tarde, recebi novamente a visita do Feiticeiro, que trouxe Altino para me ver. Ficamos segundos nos olhando encabulados, depois nos desculpamos e prometemos sermos amigos. Isso me fez muito bem.

"'Agora que se reconciliaram por palavras, é bom que comprovem na prática. Helena, Altino irá reencarnar e você pode, se quiser, também voltar ao plano físico e ser irmã dele' – esclareceu Feiticeiro.

"Eu quis, tinha compreendido o tanto que nos são importantes todas as oportunidades de aprender quando encarnados. Fomos nós três ao Departamento da Reencarnação e foi permitido que Altino e eu voltássemos à Terra."

Aproveitando que Helena fez uma pausa, indaguei-a curioso:

– Helena, você sabe do Feiticeiro? Como está ele?

– Esse meu benfeitor e amigo está encarnado; é honesto, trabalhador, estudioso do Evangelho e tenta vivenciar os ensinamentos de Jesus. Tem dado passos largos no caminho do progresso. Vou continuar a contar minhas recordações.

"Antes de reencarnar, pude visitar minha família, uma socorrista me levou. Minha mãe se casara novamente e estava feliz; minhas duas irmãs mais novas também se casaram e tiveram filhos. A mais velha, que, como eu, havia sofrido a violência do nosso pai, estava num convento e era uma caridosa religiosa. Nenhuma delas se lembrava muito de mim, achavam que fora uma doente mental. Fui também visitar meu pai. Perdoei-o, como não fazê-lo se era uma necessitada de perdão? Encontrei-o numa prisão. Fora para outro país e lá estuprou uma menina, foi preso e padecia na prisão. Orei pertinho dele; lá, naquela cela minúscula, ele se lembrou de mim, da família e chorou. Soube que ele fora meu amante em minha outra encarnação, fora desprezado e jurou vingar-se de mim. Papai arrependera-se e sofria muito. Roguei a Deus para que meu genitor fizesse do seu remorso uma alavanca para se melhorar interiormente.

“Também fui visitá-lo, Luís, encontrei-o casado, gostei de Carolina, desejei-lhes felicidades e que vivessem tranqüilos. Vi alguns desencarnados na casa obsediando dona Eugênia.

“A socorrista que me acompanhava conversou com dois deles. Fiquei ouvindo curiosa e soube que na existência física anterior, sua mãe fora má e volúvel, fizera muitos homens se apaixonarem por ela e os desprezara. Os que não a perdoaram, perseguiam-na.

“Fiquei sabendo que João Augusto, seu irmão, tinha permissão de estar sempre ali tentando ajudá-la.”

Aproveitando que Helena parou um pouquinho de falar, Luís disse:

– Sei disso, Helena, João Augusto fez por nós o que pôde, porém os desencarnados só tentam ajudar, não podem fazer pelos encarnados o que lhes cabe. Eu já cheguei a pensar, quando desencarnei, que poderia sair fazendo o bem, endireitando o mundo. Compreendi que o mundo é certo, porém as pessoas precisam melhorar e cabe a cada um melhorar a si mesmo. Não podemos, não conseguimos fazer nada no lugar do outro, porém o bom exemplo consegue comover o próximo. Se minha mãe e você tivessem as mesmas oportunidades dos médiuns atuais, não teriam sofrido tanto as influências de seus inimigos desencarnados. Mamãe teve uma desencarnação tranqüila, sem revolta, João Augusto pôde desligá-la, socorrê-la, e seus obsessores não puderam fazer mais nada para prejudicá-la.

Helena escutou-o atenta e fez um comentário:

– Atualmente, mesmo com tantas explicações que a Doutrina Espírita nos dá, existem muitas pessoas que não procuram ajuda ou não se esforçam para se melhorarem, para vibrarem no bem, para saírem da sintonia mental dos desencarnados que querem o mal. Bendigo as reuniões sérias de desobsessão, onde se pratica a caridade e nas quais os espíritos são esclarecidos e encaminhados, com bondade, resolvendo assim casos graves. Amo o espiritismo! – falou entusiasmada.

– Continue, Helena, a nos falar o que lhe ocorreu – pedi curioso, a fim de saber toda a história.

– Compreendi, ao revê-lo, Luís, que você me amara e ainda me amava e fui grata pelo seu carinho. Aquelas visitas me fizeram um bem enorme. Voltei à colônia, chorei muito, senti sua falta, pois o amava e me arrependi muito pelo que fiz. Meu arrependimento deu-me uma vontade enorme de acertar, de ser útil.

"Só faltava saber do espírito que seria minha filha; quis saber quem era e o que acontecera com ela. Afinal, ao me matar, matei-a também, privei-a da oportunidade da reencarnação. Pedi ao meu instrutor para vê-la e fui levada à sua presença. Estava abrigada numa colônia próxima. Ao ficarmos frente a frente, olhamo-nos por instantes e falamos juntas: 'Perdoe-me!'.

"Desculpamo-nos e choramos abraçadas. Ela me falou que ia reencarnar, ser sua filha e de Carolina."

– Luíza? – perguntou Luís interrompendo-a.

– Sim – respondeu Helena. – Luíza fora Eudóxia e tentara reencarnar sendo nossa filha. E, pelo que você me contou, ela sofreu bastante e acabou trocando parte de sua dívida por atos bondosos sendo útil com sua mediunidade. Aprendeu muito fazendo o bem.

"Como foi bom para mim reconciliar-me com meus desafetos!

"Altino logo reencarnou e dois anos depois foi minha vez de voltar ao plano físico para mais uma abençoada oportunidade."

décimo primeiro capítulo

A Importância do Amor

— Foi essa minha encarnação muito sofrida – continuou Helena a narrar. – Reencarnei longe daqui, numa família pobre e fui muda. Tive deficiência por escolha, não me foi imposto, achei que só assim teria como aprender a dar valor a um corpo sadio. A dor do remorso é terrível, a reencarnação mesmo num corpo doente é uma graça, desde que se esqueça e que se tenha um recomeço[1]. Quis resgatar meus erros pelo sofrimento, pois não me achava em condições de repará-los pelo amor, pelo trabalho no bem, sendo útil.

1. Muitas pessoas indagam o porquê de não se recordarem, quando encarnadas, de suas outras existências. Esquecem da bondade de Deus, que nos dá outras oportunidades de recomeçar. Às vezes as lembranças são tão amargas que nos impedem de aproveitar essa abençoada dádiva da reencarnação. O esquecimento é um ato de misericórdia do Pai (N.A.E.).

"Desde pequena tinha muitas inflamações nas amígdalas, na laringe, crises de falta de ar e alimentava-me com dificuldade. Tive uma aparência feia, magra e fraca. Estava sempre com a impressão de ter algo na garganta. Às vezes, levava a mão ao pescoço querendo tirar dali alguma coisa que me incomodava. Mesmo sem recursos financeiros, meus pais me levaram a vários médicos, tomei remédios e chás, mas nada adiantou.

"Altino, que agora era meu irmão mais velho, também era adoentado, nós dois combinávamos bem. Ele se casou, teve filhos, eu cuidava deles para que sua esposa trabalhasse. Cuidei dos meus pais quando idosos e doentes, até desencarnarem. Depois, fui morar com Altino, tornamo-nos nessa época grandes amigos. Meus sobrinhos me amavam e eu a eles. Tive alguns pretendentes, porém não quis me envolver com ninguém; amava alguém, mas não sabia quem, sentia saudade, sem compreender de que ou de quem. Ficava muitas vezes triste e melancólica sem saber o porquê. Não fui revoltada, pois no íntimo sabia que meu sofrimento era merecido; ia muito à igreja, fui muito religiosa e rezadeira.

"Altino teve câncer, sofreu muito para desencarnar. Continuei morando com minha cunhada, éramos amigas. Com a idade mais avançada, minha fragilidade acentuou-se. Só conseguia alimentar-me de líquidos. Desencarnei quando estava orando, tive um infarto; fui socorrida e levada para uma colônia. Foram muitos a lamentar meu falecimento, pois era querida. Dessa vez vivera de tal forma que foram muitos a sentirem minha falta.

"Na colônia, fiz um tratamento para me livrar do reflexo do corpo físico e logo estava falando e sadia. Fui estudar e passei a ser útil ao local que me abrigara. Luís, você se lembra de quando foi me visitar?"

– Sim, Helena, lembro-me bem – respondeu meu amigo. – Estava com muita saudade e foi uma alegria para meu coração revê-la. Durante quase toda a minha vida encarnado escondi meu amor. Ao ficar viúvo pela segunda vez, não pensei mais em casar, vivi de lembranças. Quando fiz minha passagem de plano, Carolina me ajudou muito em minha adaptação. Ela soubera de tudo, não me recriminou, compreendeu e nos tornamos grandes amigos. Já estava havia tempos na colônia, quando soube do seu desencarne. Esperei ansiosamente poder visitá-la. Entrei no seu quarto emocionado por revê-la; olhou-me com ternura. Abraçamo-nos. Ficamos encabulados, você se esforçou para me reconhecer e falou com timidez:

"'Desculpe-me, não sei quem é, entretanto sinto que o amo. Você não é o amor da minha vida?'

"'Eu a amo, sempre a amei!' – exclamei comovido.

Luís suspirou, parou de falar, emocionado com a lembrança dessa visita. Pedi com o olhar para Helena continuar sua narrativa. Helena sorriu me compreendendo e desculpando-me pela curiosidade de querer saber toda a história deles. Com seu jeitinho delicado e voz agradável retornou a falar:

– Foi tão gratificante estar ao seu lado; conversamos pouco nesse encontro; depois que foi embora, tive algumas lembranças e foi aos poucos que recordei de nossa vivência juntos. E muitas visitas vieram. Pedi para ser transferida para a colônia em que você, Luís, morava e pudemos, assim, ficar mais perto. Você me ajudou muito em meus estudos e trabalho. Ao recordar meu passado, sinto-me extremamente grata pela oportunidade que temos de reparar nossos erros. Quitei meus débitos!

– Helena – falou Luís –, visitei-a algumas vezes quando estava encarnada. Entristecia-me por vê-la num corpo deficiente, pelo seu padecimento, mas ao mesmo tempo, alegrava-me por entender que estava espiritualmente bem. Você, minha Helena, auxiliou tantas pessoas, e não apenas cuidou dos seus sobrinhos, mas os educou no bem. Ficava também durante o dia com muitas crianças para que as mães fossem trabalhar, passou muitas noites em claro ao lado de doentes e foi uma habilidosa parteira. Todos a chamavam de Mudinha e alguns de santa. Foi o anjo da guarda de muita gente. Às vezes, sentia mais dores do que aqueles de quem cuidava.

– Você também, Luís – Helena o interrompeu –, sempre agiu corretamente, fez muitas caridades. Construiu um grande orfanato, que atendia os órfãos da região, ajudou a construir um hospital no povoado. Fez campanhas para os pais colocarem os filhos na escola e distribuiu merenda para os alunos. Nunca magoou ninguém e sua desencarnação foi sentida por todos que o conheceram. E você também sofreu!

– Aproveitamos as oportunidades que tivemos Helena – expressou-se Luís. – Não fizemos de nosso sofrimento empecilho para fazer o bem, acho mesmo que tudo o que passamos foi incentivo para nos melhorarmos. Você escolheu ter deficiência por se achar incapaz de reparar seus erros fazendo o bem, entretanto fez muito, foi útil e realizou boas ações. Adquirimos um tesouro com o aprendizado que temos fazendo o bem.

– Aprendemos a amar, Luís. Vivi de tal forma, nessa encarnação em que fui muda, que fiz aos outros o que gostaria que me fizessem! – exclamou Helena.

– Quanta importância tem o amor na nossa vida! Como somos felizes amando! – disse Luís.

– Luís, e dona Eugênia, sua mãe, como está? – Helena quis saber.

– No momento está encarnada. É médium e trabalha no bem com sua mediunidade. Não consegui, quando encarnado entender as atitudes de minha mãe. Foi somente quando desencarnei que soube de sua história e compreendi o porquê de ela não me amar igual aos meus irmãos. A explicação está no passado. Na minha encarnação anterior a essa última, fui criado pelos meus avós. Fui órfão e sabia pouco de minha mãe, pensava que ela havia morrido jovem por uma doença do coração. De meu pai, tinha uma vaga lembrança, pois morrera anos depois, quando tinha oito anos. Os acontecimentos foram diferentes do que me contaram. Meu pai era filho único e casou-se contra a vontade de meus avós, com uma moça leviana, Eugênia. Esse espírito foi minha mãe por duas vezes; na primeira, logo que nasci, Eugênia passou a ter amantes. Meu pai encontrou-a com um deles e matou esse homem. Com o escândalo, ela foi embora. Meu pai, apaixonado e com remorso de ter assassinado uma pessoa, passou a beber exageradamente. Anos depois, morreu. Ele estava embriagado e caiu do telhado. Meus avós e familiares pensaram que se suicidara, mas foi acidente. Ele subiu para pegar um brinquedo que eu jogara, desequilibrou-se e caiu. Minha mãe, ao sair de casa, fora embora para longe e por onde passou deixou pessoas sofrendo. Destruiu vários lares, arruinou muitos homens, até que ficou doente, sozinha, arrependeu-se e desencarnou. Meu pai a amava realmente e pôde anos depois socorrê-la. Reencarnaram e novamente se casaram. Foram muitos os espíritos que não a perdoaram, inclusive meu avô Samuel o qual queria que fosse mal filho, que a desprezasse, abandonasse, porém eu não quis fazer sua vontade, já a havia perdoado e não queria prejudicar ninguém. Então esse espírito, Samuel, falava com ela, e esta por ser médium o escutava, e dizia que ia prejudicá-la, pois ela merecia. Mamãe Eugênia, sabia espiritualmente que fora no passado uma mãe irresponsável e temia que revidasse, assim, ela parecia esperar que eu lhe fizesse algo de ruim. Preferia João Augusto e Cecília a mim. Poderia ter feito o que Samuel queria, mas ainda bem que não fiz. Preferi amar mamãe, ajudá-la e cuidar dela. Com minha atitude, fui exemplo ao espírito de meu ex-avô, que acabou por perdoá-la e foi socorrido. Mamãe ficou com a impressão de que iria revidar por ela ter me prejudicado. Papai e mamãe estão reencarnados, encontraram-se, casaram-se e vivem bem; amam-se, embora tenham muitos problemas e dificuldades, como a maioria das pessoas encarnadas.

– E Cecília, sua irmã que foi embora e não voltou mais, o que ocorreu com ela? – perguntou Helena.

– Cecília, minha irmã linda, que tão cedo saiu de nossa casa para ir morar em outro país, tão longe de nós, não foi feliz. Deveria, Helena, ter ido vê-la, procurado mesmo por cartas e saber o que ocorria com ela. Eu, porém, só lhe escrevia dando notícias de mamãe e pedindo para escrever mais. Acreditava nas cartas de Cecília, estava bem, rica etc. Mas não foi isso que ocorreu. Meu cunhado era um jogador, logo nos primeiros anos, já naquele país, ele perdeu toda a sua fortuna no jogo. Os dois não quiseram dizer para a família que estavam arruinados e resolveram a situação abrindo uma casa de prostituição. Minha irmã, que era muito bonita, era o chamariz, ela teve três filhos e os criou com maus exemplos. Quando desencarnei e encontrei mamãe, ela me pediu perdão e me contou chorando que Cecília havia desencarnado e sofria no umbral. Muitos anos depois, junto de minha mãe, fomos até ela e a socorremos.

– Não se entristeça por isso, você não teve culpa! – Helena falou, consolando-o.

Luís suspirou, ficamos em silêncio por instantes, depois ele falou entusiasmado:

– Estou feliz com a programação de nossas reencarnações. Não voltaremos ao plano físico com um carma[2] negativo e estamos dispostos a acertar, a progredir e a crescer espiritualmente.

– Vamos ter nossos pais amigos, eles nos educarão na Doutrina Espírita. Considero uma dádiva nascer numa família espírita – expressou-se Helena com os olhos brilhando de alegria.

– Um presente que fizemos por merecer – opinou meu amigo.

– Ficaremos juntos, não é, Luís? – perguntou Helena.

– Reconhecerei você em qualquer corpo, e o amor despontará tranqüilo. Iremos nos unir, teremos filhos e tenho certeza que iremos fazer o que planejamos – respondeu ele carinhosamente.

– Comparo a encarnação – falou Helena –, como se estivéssemos navegando em um rio em que se enxerga poucos metros à frente. Às vezes, as correntezas tornam-se fortes, e as águas podem bater nas pedras;

2. Carma: expressão popularizada entre os hindus, que em sânscrito quer dizer "ação"; a rigor, designa "causa e efeito". Leia mais: *Ação e reação*. Francisco Cândido Xavier. Ditado pelo Espírito André Luiz. Capítulo 7, 16ª edição. Rio de Janeiro: FEB, 1993 (N.E.).

em alguns trechos, a correnteza é mais rápida, e, há ainda, percursos nos quais passamos devagar, em águas tranqüilas. Devemos nos fortalecer quando passamos por momentos calmos a fim de reunir forças para os períodos tumultuados.

– Concordo com você, Helena – falou Luís. – Não é somente pelo carma negativo que sofremos, a não realização de coisas boas também acarreta padecimentos. São os obstáculos e os problemas que exigem de nós o raciocínio, que nos impelem a encontrar soluções, desenvolvendo assim nossa inteligência. Preparei-me muito para ser útil em todos os períodos, nos tranqüilos e nos em que enfrentarei dificuldades.

– Luís, não tenho medo de voltar ao plano físico, mas ainda tenho receio da desencarnação – disse Helena.

– Querida – explicou ele – não tenha medo; essa mudança de plano, deve ser vista como é, com naturalidade. A vida é contínua, temos estágios lá e aqui. O temor é um empecilho, e não devemos deixar que esse sentimento nos domine, senão poderemos deixar de fazer o que nos compete por medo. Se encarnados agirmos no bem, formos úteis, a desencarnação só poderá ser agradável. Tudo continua; quem é bom, é lá e aqui no plano espiritual. Para quem faz por merecer, agindo com dignidade e bondade, o desligamento do perispírito do corpo físico morto é suave e tranqüilo. Para os imprudentes, os que cometeram atos indignos, desonestos e maus, essa passagem é dolorosa e perturbadora.

– As ilusões materiais exercem muito fascínio sobre nós! Poderemos fracassar, não fazer o que planejamos e não realizar o bem – expressou-se Helena.

– Conheça a verdade e ela a libertará! Temos, Helena, o Evangelho de Jesus a iluminar nossa caminhada! – exclamou Luís.

Quietamo-nos e olhamos a paisagem à nossa frente. O Sol se punha por detrás das montanhas, e sua luz suave proporcionava um reflexo maravilhoso nas águas do lago.

– Como a Terra é linda! – expressou-se Helena.

– Nossa irmã Natureza é maravilhosa – concordei entrando na conversa dos meus amigos.

– Irmã? – indagou Helena sorrindo e me olhando com carinho.

– Para muitos, ela é mãe – expliquei. – Todos os corpos materiais têm os mesmos componentes, tanto que Moisés disse que Deus fez o homem do barro, ou seja, de uma mesma fonte. Se pensarmos assim, que Deus fez tudo, considero a Natureza minha irmã. Tudo é tão perfeito! Helena, podemos encarnados admirar a Natureza e, se assim fizermos, descansaremos nosso corpo e fortaleceremos nosso espírito. Temos na Terra tantos lugares lindos para contemplar: uma flor, a água do mar e do rio, as montanhas, as pedras, o nascer do sol, as estrelas. Tudo é encantador!

– Antônio Carlos, está na hora de voltarmos para a colônia. Agradeço-lhe por ter vindo e pela paciência de ter nos escutado. Fizemos bem em conversar, recordar o passado para planejar o futuro. Sinto-me mais unida ao Luís e disposta a iniciar mais um período encarnada. E, desta vez, não seremos dois a caminhar olhando um para cada lado, olharemos ambos para a mesma direção.

– Eu é que lhes agradeço pela oportunidade de ter desfrutado da companhia de vocês e por ter escutado essa história tão interessante. Alegro-me por saber que estão bem e desejo que seus sonhos sejam realizados. Que o amor que os une seja verdadeiro, sem egoísmo e que possam caminhar juntos como companheiros.

Senti-os esperançosos. E como o sentimento da esperança nos fortalece! Abraçamo-nos carinhosamente. Eles deram as mãos, volitando devagar sobre o lago, rumo à colônia onde residiam. Iam se preparar para retornar ao plano físico, bendizendo a justiça e a misericórdia divina pela oportunidade da reencarnação e por continuarem juntos.

Fiquei a olhá-los até que desapareceram no horizonte. Observei novamente o lago: a paisagem era realmente encantadora. Ainda envolvido pela emocionante narrativa que escutara, dei graças ao Criador e parti.

Aos leitores amigos, ofereço uma rosa de amor. Imagine-a e receba-a.

Com carinho,

Antônio Carlos

Conheça um trecho do magnífico livro

Flores de Maria

Romance do Espírito
Rosângela
Psicografado pela médium
Vera Lúcia Marinzeck de Carvalho

Antes de completar seus quatorze anos, Rosângela é vítima de uma moléstia grave. Despertando do outro lado da vida, a jovem vai se deslumbrar com um mundo novo – onde a vida continua. Surpresa, vai estudar, trabalhar e se divertir, ao encontro de novas experiências. Leitura emocionante para todos aqueles que desejam conhecer melhor o mundo espiritual, onde existem hospitais, escolas, bibliotecas, áreas de lazer etc. Consola e esclarece aqueles que perderam entes queridos – crianças ou adolescentes – explicando onde se encontram, e porque retornaram ao mundo espiritual ainda na flor da idade.

Em meu sono não tive dores, e, às vezes, parecia escutar:

– Rosângela era tão bonita! Antes de adoecer era gordinha e corada!

– Ia completar quatorze anos, mas parecia ter dez. Que pena! Não viveu a vida!

– Os pais de Rosângela estão tão endividados com os gastos que tiveram com a filha, que terão de vender a casa, o único bem que eles têm e que, para o adquirirem, trabalharam tanto!

– Sofreu tanto a pobrezinha, que só pode estar no paraíso!

– Eu a amo filhinha! Sempre a amarei! Não quero ser egoísta querendo você conosco doente como estava. Mas está sendo dolorido vê-la afastar-se de nós – dizia meu pai.

– Vá com Deus, meu anjinho! Com você irá um pedaço do meu coração! – mamãe falava, parecendo cochichar ao meu ouvido.

– Ro! – ordenou Solange, minha irmã. – Não tema o desconhecido! Aceite com gratidão o que receberá e lembre-se de que queremos que esteja bem, assim como você quer que fiquemos.

"Ora, deixem-me dormir, porque há tempos que não tenho um sono tão gostoso!", exclamei recusando-me a ouvir mais comentários.

Determinei a mim mesma que não ouviria mais nada. Virei-me na cama sozinha, passei a mão pelo meu corpo e percebi que não estava de fralda, mas sim sequinha e cheirosa.

"Que sono mais agradável! Ninguém me acordou para me dar uma injeção! Vou aproveitar para dormir mais! Estou com muita sede e fome. Fome? Há tanto tempo não sinto vontade de comer!", falei baixinho.

Levantei o lençol, sentei-me na cama com facilidade, virei a cabeça, ri e continuei a falar:

"Estou sonhando! Fantástico! Tem um copo de suco e uma tigela de sopa na mesinha de cabeceira. Vou comer! Nem que seja no sonho, vou alimentar-me com prazer."

Tomei o suco, que estava delicioso, e a sopa de legumes, saborosíssima. Limpei a boca com o guardanapo e espreguicei-me.

"Vou dormir!", pensei.

"Engraçado, nunca antes sonhei que dormia. Está tão gostoso aqui! Queria tanto ficar por instantes sem aquela sensação da doença. Agora que estou bem, mesmo que seja em sonho, irei aproveitar." Virei-me várias vezes na cama, deliciando-me por fazer isso, acomodei-me e dormi.

...

Livros da Patrícia

Best-seller

Violetas na janela

O livro espírita de maior sucesso dos últimos tempos – mais de um milhão de exemplares vendidos! Você também vai se emocionar com este livro incrível. Patrícia – que desencarnou aos 19 anos – escreve do outro lado da vida, desvendando os mistérios do mundo espiritual.

Vivendo no mundo dos espíritos

Depois de nos deslumbrar com *Violetas na janela*, Patrícia nos leva a conhecer um pouco mais do mundo dos espíritos, as colônias, os postos de socorro, o umbral e muito mais informações que descobrimos acompanhando-a nessa incrível viagem.

A casa do escritor

Patrícia, neste livro, leva-nos a conhecer uma colônia muito especial: A Casa do Escritor. Nesta colônia estudam espíritos que são preparados para, no futuro, serem médiuns ou escritores. Mostra-nos ainda a grande influência dos espíritos sobre os escritores.

O vôo da gaivota

Nesta história, Patrícia nos mostra o triste destino daqueles que se envolvem no trágico mundo das drogas, do suicídio e dos vícios em geral. Retrata também o poder do amor em benefício dos que sofrem.

Psicografados por Vera Lúcia Marinzeck de Carvalho

Leia e divulgue!
À venda nas boas livrarias espíritas e não-espíritas